JN096653

ワイ島編

'Ole Ua, 'Ole Anuenue

── 雨のあとには虹がでる──

ハマクア・コースト …… 56

ヒロ・ダウンタウン周辺 …… 118

コナ地区 …… 198

第 3 章　そして、見えてきたもの

1.ハヴィ浄土院

2.コハラ浄土院
3.コハラ弘法寺

4.コハラ本願寺

8.ククイハエレ大師堂跡

6.ホノカア本願寺
7.ホノカア金福寺跡

9.ハマクア浄土院

5.カムエラ本願寺

10.パアウイロ本願寺
11.パアウイロ金剛寺

13.パパアロア本願寺

12.ラウパホエホエ浄土院跡

15.ハラカウ浄土院

14.ホノヒナ本願寺

18.パパイコウ本願寺

16.ホノム遍照寺
17.ホノム本願寺

19.ワイナク浄土院跡

21.本派本願寺ヒロ別院

32.ホルアロア本願寺布教所跡

20.ヒロ大正寺

22.ヒロ法眼寺

33.コナ高野山大師堂

23.ヒロ東本願寺

24.ヒロ明照院

ヒロ大神宮

34.コナ大福寺

26.カーチスタウン浄土院

25.日蓮宗ヒロ教

27.プナ本願寺

35.コナ本願寺

36.ケエイ寺跡

パホア日系人会館

29.元カパパラ日蓮宗教会堂(現ウッドバレー

28.パハラ本願寺

30.ナアレフ本願寺
31.ナアレフ大師堂跡

カウアイ島

オアフ島

ホノルル

マウイ島

ハワイ島

第1章

ハワイにお寺？

1. ハワイにおける日本仏教発祥の地・ハワイ島

　ハワイ主要4島の1つ、ハワイ島には30を超える日本の仏教寺院が存在します。現在活動している寺院が28寺（チベット仏教寺院となった寺院を入れると29）、活動はしていないけれど建物、あるいは跡が残っている廃寺は7寺あります。ですから、筆者が確認できただけで36寺にもなるのです。

　数の多さに驚かれたでしょうか。なぜハワイに？　と、疑問に思われたかもしれません。

　ハワイ諸島には、明治時代初頭から日本人が移民、あるいは出稼ぎ人として渡っていました。そのため、今につながる日本文化と日本語の通じやすさから、ハワイは日本人にとって親しみがあります。加えて、常夏の過ごしやすい気候とアロハ精神の開放感に魅了され、リゾートを求めて旅する人が多い島です。

　しかし、明治時代に始まった日本人移民の苦難の歴史、それにつながる日系人たちの現在について、どれだけ知っているでしょう。

　約135年前、明治政府の斡旋により、横浜から移民を乗せて出発した船は、およそ1か月をかけて海を渡り、オアフ島ホノルルに到着しました。上陸した移民たちは、ホノルルからオアフ島内の各耕地や、さらに船を乗り継いで他島の耕地に移動していきました。その数は、ハワイ州の主要4島（北から順にカウアイ、オアフ、マウイ、ハワイ）のうち、ハワイ島が群を抜いて多かったのです。

　初期移民（官約移民）数で見ると、全人数の5割以上がハワイ島の未開の地にあるサトウキビ耕地へと散っていきました。ですから、そこに日本仏教が持ち込まれ、寺院が建てられていき、宗教が脈々と受け継がれてきたのは当然のことだったのです。なかでも、日本仏教の寺院が最初に建てられたのがハワイ島でした。つまり、ハワイ島にはかつての日本人移民の生活や宗教との関わり、現代の日系人と寺との関わりを感じさせる「人・物・事」が多く残されているということでもあるのです。

ハマクア・コーストにある、ホノム本願寺。日本の寺と比べてどうでしょうか？

　そんな偉そうなことを言う筆者も、初めてハワイ島を訪れたときは溶岩むき出しの景観にキャーキャー言い、ビーチだゴルフだと遊びを堪能し、ポケ丼・ロコモコ・クッキーの美味しい店を回りと、楽園を楽しむことに夢中でした。

　ところが、どこに行っても、また何を見聞きしても、移民や日系人を意識せずにはいられないと感じるようにもなっていきました。それは、日本人移民と現在の日系人について知りたい、という欲求に変わっていったのです。

　せっせとハワイに通う筆者に、目的をたずねる知人がいました。日本仏教のお寺めぐりだと答えると、ハワイにお寺があるなんて初めて知ったと言うのです。そんな声を何人の人から聞いたことでしょう。

　飛行機で10時間近くもかかる遠い島なのに、ハワイは日本人にとってあらゆる面で親しみと憧れを抱かせる南国の楽園であり続けています。それなのに筆者である私たちも、ハワイ島を訪れるまではなぜ日本仏教の寺がそこにあるのか考えたことがなく、そもそも存在することすら知らないでいたのです。

　日系人にまつわる施設や行事をたずねて、ハワイ４島を回るようになったのは 2012 年からです。日本の寺社は４つのどの島にもあり、ボン・ダ

ンス（盆踊り）では福島太鼓、沖縄太鼓が演奏され、寺の名前を染め抜いた法被が勢ぞろいします。スーパーにはモチやアンパン、ベントー（弁当）、正月にはカドマツまで並びます。日本の文化が、1世から綿々と受け継がれている事実に感動しました。

とは言え、甘い菓子ならすべてアンパン。ベントーは巨大な唐揚げとライスをつめただけで、繊細な日本人のセンスには合いません。日系人はもはやアメリカ人であり、外見は東洋人でも感覚は完全にアメリカンなのです。モチもアンパンもベントーも、日本文化のハワイへの順応と解釈できそうです。あるいは、融合ととらえてもよいのかもしれません。

日本にルーツを持つ「人・物・事」から、筆者は現代の日系人が持つアイデンティティは何だろうと考えました。考えていくと、移民政策をとった明治期の政府のあり方にまで思いが広まりました。

明治政府が発表した、第1回（1885年）の移民募集枠は600人でした。そこに全国から3万人近い人が応募をしています。これは、当時の人々がおかれていた時代背景が大きく反映していました。

1884年、松方正義大蔵卿によるデフレ政策の影響で繭や米等の価格が急落、農村部での不況が深刻化します。このデフレ政策は、西南戦争（1877年）に伴う政府の戦費支出による紙幣の乱発から引き起こされたインフレに対する措置でした。

また、西日本を襲った自然災害（1883〜1886年）による凶作も農村部の貧困を生み出しました。農民の困窮にさらなる拍車をかけたのが、地租条例公布（1884年）でした。米ではなく通貨で税を納めなければならなくなり、日本帝国統計年鑑によると、1884〜1888年の5年間で地租滞納によって農地を手放した農民は、28万6000人以上にのぼったようです。そこで政府は、農村の余剰人口を海外に送り出し、彼らからの日本への送金によって外貨を獲得することで、国内の貧困問題を解決できると考えたのでした。

移民出身者のほとんどを西日本が占めていました。その理由として、山口県出身の井上馨外務大臣がハワイ移民を推進し、山口・広島県民を優先的に移民させたことや、広島の軍港建設で立ち退きとなった漁民への行き

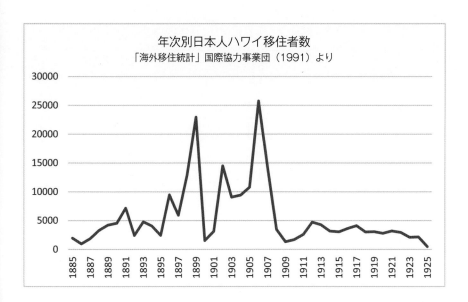

年次別日本人ハワイ移住者数
「海外移住統計」国際協力事業団（1991）より

先・職場として政府がハワイ移民を推奨したこと等が挙げられます。

　移民数は1907年前後に急増しています。これは移民制限が施行される直前の駆け込み的増加であると同時に、日露戦争による不況も要因になったのです。

　ハワイ王国からの要請（後述）に応じた移民政策と言われますが、貧しい国民を抱えた明治政府にとっても、移民を出すことは国内問題を解決するための活路となったわけです。

　政府による移民広告の謳い文句は「3年で400円」でした。これは、当時の農夫の11年間分の収入に相当します（『ハワイ日本人移民史』1964年を参考）。一攫千金の呼びかけに夢と希望を抱いて国を出た人たちが、3年契約の出稼ぎ労働者たちだったのです。しかし、彼らを待ち受けていたものは、想像もしなかった困苦の日々でした。

　耕地での労働は1日10時間、耕地とキャンプ（居住区）との往復や昼食時間30分は労働時間外。1か月、26日労働を課された日給月給なので休めば減給、しかも病気になっても休むことは許されず耕地へと追い立てられました。

移民局による耕地労働者の賃金見積もり（1888 ～ 1890 年の報告書）

	契約労働者	自由労働者
ハワイ人	$18.58/ 月	$20.64/ 月
ポルトガル人	$19.53	$22.25
日本人	$15.58	$18.84
中国人	$17.61	$17.47
南方諸島民	$15.81	$18.56

The History of Contract Labor in the Hawaiian Islands（1903）

　就業中に手を休めればルナ（馬に乗った現場監督。ほとんどはポルトガルからの移民）に鞭打たれ殴られ、罰金が科せられることさえあったのです。ルナの暴行によって死亡した日本人もいたとされます。ハワイの炎暑に耐えながらロバのように使役され、抗議や抵抗をすれば罰金あるいは入牢を強いられました。逃げ出したくても契約期間の 3 年間は束縛され、奴隷のような労働に耐えるしかありませんでした。

　実際、耕地から逃亡する移民も出ました。同じ移民でも、ポルトガル人はアジアからの移民よりも給料・地位ともに優遇され、アジア民族のなかでも日本人とフィリピン人は最低の給料でした。人種によって差別されたのです。それでも過酷な労働に見合うだけの収入が得られたかというと、政府の謳い文句通りにはいきませんでした。何もかもを極度に切りつめて生活しても、まったく余裕のない金額しか入らなかったのです。

　「3 年間で 400 円」は、ほとんどの移民にとって不可能で、切りつめた暮らしを 10 年ほど続けねば貯まらない額だったのです。貯金はおろか、帰国費用さえつくれず、ハワイに残るしかない人々が現れたのが現実でした。

　「移民」とは「棄民」であったと言っても過言ではありません。官約移民時代に契約期間を終えて帰国した移民は半数ほどでした。彼らのなかには、持ち帰った金を借金返済・農地購入・家の新築にあてることのできた人たちがいたのも事実ですが、ごくわずかです。

　興味深い新聞記事を紹介しましょう。労働者の待遇改善と増給を求めて、

ワイナク耕地で働く、当時の移民たち

1909 年にホノルルで起きた日本人労働者の大ストライキの前年に発行されたものです。明治 41（1908）年 12 月 4 日『日布時事』（当時のホノルルで発行されていた日本語新聞）では、「耕地の実況を陳べて有志の奮励を望む」と題された記事に次のようなことが記されています。

「1 か月 18 ドルの人間の収支差はどうだろう。1 か年平均 1 か月間労働日数 21 日で賃金 14 ドル 60 セント。支出内訳は、コック代（食費）7 ドル、洗濯代 75 セント、風呂代 25 セント（以下、筆者省略）、計 12 ドル 50 セント余。差引 2 ドル 10 セント。1 日 10 時間労働の結果、1 日の純益は 7 セント前後（原文ママ）に相当する。1 か月 21 日働く人はグルメン即ち辛抱人の方である。グルメンにして 1 か月 2 ドルの収入だから、それ以外の者は推して知るべき。もっとも、なかには 30 ～ 40 ドルも取る人もいるが、それは特別技能ある人で 1 耕地に 1 人か 2 人、むしろ例外。また一般労働者の内にも 50 ドル、100 ドルを（日本へ）送金する人もいるが、これは頼母子とか借金とか無理算段して送金するものである。1 日もすみやかに 28 ドル制に増給せよと大いに迫る次第である」

当時、病気になっても休めない状況は改善されていたようですが、賃金は相変わらず低いままであったことがわかります。

初期移民たちのこうした歴史を知るなかで、第 1 回官約移民でハワイ島に渡った「カツ・ゴトウ」を知ることにもなりました。彼はプランテーション労働者から商店経営者になったのですが、日本人労働者の待遇改善を求

めたことが災いして、白人に惨殺された人物です。当時の日本人たちがお
かれていた状況を知る上で、重要な事件と言えるでしょう。彼と事件につ
いてはコラム（P77）で紹介しましたので、ご覧ください。

　さて、ハワイにおける日本仏教ですが、各宗派は移民政策開始直後から
ハワイ諸島での布教を始めています。布教所は、日本人が働くプランテー
ションのそば（あるいは敷地の一角）や個人宅でした。信徒である移民た
ちは過酷な労働と低賃金のなかから資金を捻出し、やがて寺院を建ててい
きます。寺は移民たちの心のよりどころであり、また日系人コミュニティ
の中心となったのです。
　その点から、移民と日系人たちについて知るためには、現地の仏教寺院
を訪問するのが有効であると考えた筆者は、日本仏教の寺と日本人墓地を
訪れて回りました。開教使等に面会を申し込み、寺の歴史や信徒の様子を
聞いて得た情報や感動を書きためてきました。それらを、2019年の春か
ら20年春までの最新情報を中心にしてまとめたのが本書です。
　本書のサブタイトル「マウカマカイの細道」は、ある開教師の先生にア
イディアをいただきました。ハワイ語でマウカは山側、マカイは海側を意
味します。山あり谷あり、海あり波あり、人生いろいろ、仏様もいろいろ、
人種もいろいろのハワイで、仏教は細くても、どこにでも誰にでもつながっ
ている、そういう意味合いを含んでいます。

　今は廃寺となった７寺は、私有地のなかでまさに朽ち果てようとしてい
たり、Ｂ＆Ｂや個人宅として改装されたり、利用されずに放置されたりし
ています。現在活動をしている寺院のなかにも、統廃合によって先行きの
危ぶまれている寺がいくつかあります。信徒数が減少し、宗教観も時代と
ともに変わっていく現状のなかで、各寺の状況も急激に変化するのは避け
られないでしょう。ですから、本書を読んでくださった皆さんが、ハワイ
島の仏教寺院に興味を抱いてくださったなら、できるだけ早期に訪問され
ることをお勧めします。そのときには、ぜひこの本を参考にしてください。

ところで、ハワイ島に行ってきたと言うと、オアフ島に行ったと勘違いされることがあります。オアフ島はホノルルの町やワイキキビーチ、ダイヤモンドヘッド、パールハーバー等が有名で、ハワイ諸島への玄関口になります。そのオアフ島から飛行機で40〜50分、ハワイ諸島の最南端に位置するのが本書で紹介するハワイ島です。ちなみに、島の人たちは「ハワイ島」を「はわい・しま」と言います。

　ハワイ島の基礎情報にも触れておきます。火山の噴火で生まれ形成されてきたハワイ諸島のなかで、今でも噴火を目にするのはこの島だけです。マウナ・ケア山やキラウエア火山、世界に冠たるコナ・コーヒーの島として脚光を浴びていますが、オアフ島に比べれば、やはりまだマイナーであるのは否定できません。

　ハワイ島の面積は東京都の5倍近く、四国の約半分にもなります。ハワイ諸島で一番面積が大きいことから、ビッグ・アイランドの通称で呼ばれています。ハワイ諸島とハワイ島とを区別するために、このビッグ・アイランドという名前は便利です。

　ハワイ島の気候は熱帯性気候に分類されますが、北東からの貿易風を常に受けるために、山の東側と北側には雨が多く、反対に西側と南側は乾燥しています。さらにマウナケア山やマウナロア山は標高4000mを越えるため、同じ島でありながら気温や植物相に違いが出てきます。このような自然環境の多様性に加え、1000年にわたってポリネシアンが築いてきた歴史、様々な民族が混合した文化が魅力の1つになっています。

　イギリス人のクック船長のハワイ上陸は1778年。それ以前の人口は20万人から40万人と言われていますが、クック来航の100年後には約5400人（1876年ハワイ王国国勢調査）に減っています。これは、クック来航後に続々とやって来た欧米の商人や宣教師がもたらした各種病原菌によって、免疫を持たないハワイ人の病死を続出させた結果でした。

　当時のハワイは、各島に王がいる群雄割拠の状態でしたが、カメハメハ1世が欧米の武器を用いて全島を統一（1795年）、ハワイ王国がつくられます。19世紀半ばからは、白人の経営する砂糖プランテーションが全島に勢力範囲を広げていきました。

さらに、力を持つようになった白人耕主（プランテーション経営者）たちは、政治的にも力を持ち始めます。プランテーションの労働力はハワイ人でしたが、前述のように彼らの人口は激減してしまいます。そこでハワイ王国と、王国を実質的に支えていた砂糖産業（白人耕主たち）は、国外に労働力を求めることになります。前述（P13）した「ハワイ王国からの要請」が、これにあたります。

　現代のハワイ島では、中心となる街は西海岸のコナと東海岸のヒロの2つです。2つの町をつなぐ道は、北回りの19号線と南回りの11号線ですが、どちらも大回りをして走っているので片道2〜3時間はかかります。

　数年前に、19号線をショートカットする形でマウナケア山の裾野を走るダニエル・K・イノウエ・ハイウェイができ、ヒロとコナ間をすいすい行けるようになりました。それでも1時間半はかかります。ダニエル・K・イノウエ・ハイウェイが完成する以前から、サドルロードと呼ばれるショートカット道路はありました。しかし、片側1車線で道幅が狭く、しかもジェットコースターのような激しい起伏の連続。起伏の頂上で対向車が現れると思わず叫んでしまうような道でした。スリルを求めるならともかく、利用したい道ではありませんが、今でも一部分残っていますので物好きな方はどうぞ。

　また、11号線も道幅が狭いのでうれしくない道です。コナとヒロを行き来するのに、この道路を使う人はまずいないでしょう。たとえば、大観光地のキラウエア火山は11号線沿いにあるので、コナから行くにはこれを使った方が距離は短いのですが、ダニエル・K・イノウエ・ハイウェイを使い、ヒロ経由で行っても時間的には変わりません。となれば、当然運転のしやすいダニエル・K・イノウエ・ハイウェイを利用してヒロに出て、そこから11号を南下する道を選ぶことになります。大きな島である上に、溶岩でできた島ゆえの不便さと言えます。

　本書ではハワイ島を行政区分とは別に、回りやすく見つけやすくすることを考慮して6つのエリアに分け、各寺院への行き方をヒロまたはコナを主な起点として表しました。

なお、本書での表記に関してお断りしておきたいことを以下に記します。
①「本派本願寺」はハワイでの名称であり、正式な宗派名「浄土真宗本願寺派」を用いました。廃寺となった大師堂は宗派名が不明なため「真言宗」とだけ記しました。
②開教使であるご住職の名刺には、ご自身を Reverend または Minister（どちらも聖職者・牧師）と紹介されています。島の人たちは「ご住職」と呼ばず、「先生」と呼んでいます。開教使同士がお互いを呼び合う場合も「先生」です。「私は仏様の使いですから先生と呼ばれるのには抵抗があります」と話す開教使もみえたのですが、私たちは島の人々の呼称に倣って「先生」で通しました。開教使は知識人であり、かつての日本語学校の教師を兼ねていました。日本語学校がなくなった現在も、信徒さんたちにとっての精神的な指導者であることに変わりはありません。人々が「先生」と呼ぶのは、僧侶が尊敬される立場だからなのです。ということで、本書でも先生で通すことにします。また、曹洞宗や真言宗では通常「開教使」ではなく「開教師」と表記する、と聞きましたので「師」を用いました。ただし、曹洞宗と日蓮宗では「国際布教師」が正式な呼称のようです。
③各寺の信者（信徒）は、メンバーと呼ばれています。メンバーの規定については難しい面（護持会費を払うのがメンバーなのか、払わなくてもメンバーなのか）があり、メンバーが個人の場合もあればファミリーの場合もあるようです。本書では護持会費の支払いや個人・ファミリーとは関係なく「メンバー」と表記することにします。
④年号等で諸説ある場合は、資料を検討した結果、正確と思われるものを提示しました。判断がつかない場合は、有力と思われる年号等を示した後ろに（　）書きで他説を併記しています。
⑤古い新聞や書籍からの引用文では、旧仮名づかいや難読・難解文字を一部現代訳しています。
⑥別々の寺院に共通する人物やできごとについては、重複する記述が出てくる場合があります。
　なお、紹介させていただいた方々への敬語を省かせてもらいました。

2. お寺めぐりを楽しむための基礎知識

（その１）寺の建物・仏壇・仏具等の主な名前

【本堂】伽藍（寺院の建物全体）の中心となる建物のうち本尊を安置する建物で、宗派によって仏殿・御影堂・阿弥陀堂等の呼称があるが、本書では「本堂」に統一した。

【外陣】と【内陣】お参りに来た人が本堂内で座る所が「外陣」であるのに対し、本尊を中心とした神聖な場所が「内陣」。内陣は本堂内の正面の一段高くなった場所で、柱や欄間で囲まれている。

【須弥壇】ご本尊や宗派の開祖等仏像を安置する台座で重層になっている。

【厨子・宮殿】須弥壇の上部にあるご本尊等を安置する祠。「宮殿」は一般的に浄土宗や浄土真宗で用いられる。社寺建築に似た構造物で屋根がついている。

【前卓】須弥壇の前に置かれた机。

【喚鐘】と【梵鐘】喚鐘は梵鐘と同じ形だが、大きさはずっと小さく、お参りの始まり等の合図に使われる。梵鐘は、日本では多くが鐘楼に吊り下げられていて、除夜の鐘で撞かれるのはこの鐘である。ハワイ島には梵鐘がほぼないので、喚鐘が代わりをしている。

【庫裏】寺院の僧侶や家族が住む場所、寺院の台所を兼ねているお寺もある。

【ソーシャル・ホール】メンバーが集まって食事をしたり、イベントの準備をしたり、発表会や映画を鑑賞したりと多目的に使われている。広いソーシャル・ホールを持つお寺では、太鼓クラブ、ボン・ダンス、柔道等の練

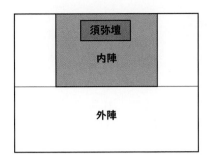

習場としても使われている。

【サービス】定例のお参り（お勤め）や寺が行なう仏教行事（涅槃会、花
祭り等）をさす。

（注）本書では、内陣中央のご本尊を安置する須弥壇、あるいは須弥壇と宮殿を指
す言葉として「祭壇」を用いた。「祭壇」という言葉は使わない、とご指摘くださっ
た宗派もあったが、一般的に理解しやすいと考えてあえて使用した箇所があるの
を、お断りしておく。

（その２）　ハワイへの日本人移民の歴史

①「元年者」（1868 年）〈渡航者数：153 人〉

駐日ハワイ領事ヴァン・リードが江戸幕府と交渉し、約 300 人をハワイ
へ送り出す準備を進めていたときに幕府が滅亡。1868（明治元）年、成立
直後の明治政府は、リードと江戸幕府との交渉内容を無効化した。

そこで、彼は無許可の状態でサイオト号を出航させた。この船でハワイ
に渡り定住した移民は、明治元年に入植したことから「元年者」と呼ばれ
ている。

②官約移民時代（1885 ～ 1894 年）＜渡航者数：29,139 人＞

ハワイ王国からの要請に応じ、明治政府は日本人労働者を砂糖プラン
テーションへ送り出す条約を結んだ。政府が斡旋する契約移民事業であっ
た「官約移民」は、10 年間に合計 26 回続き、約 3 万人がハワイへ渡航
している。26 回の渡航内容は以下の通りである。

回	到着年月日	船名	員数	回	到着年月日	船名	員数
1	1885.2.8	東京市号	946	14	6.17	相模丸	555
2	12.15	山城丸	988	15	1891.3.11	山城丸	1,093
3	1886.2.14	北京丸	927	16	3.30	近江丸	1,081
4	1887.12.11	若浦丸	1,447	17	4.28	山城丸	1,091
5	1888.6.1	高砂丸	1,063	18	5.29	山城丸	1,488
6	11.14	高砂丸	1,081	19	6.18	三池丸	1,101
7	12.26	高砂丸	1,143	20	1892.1.9	山城丸	1,098
8	1889.3.3	近江丸	957	21	6.25	山城丸	1,124
9	10.1	山城丸	997	22	11.28	山城丸	995
10	11.11	山城丸	1,050	23	1893.3.6	三池丸	733
11	1890.1.9	山城丸	1,064	24	1893.6.6	三池丸	1,811
12	4.2	山城丸	1,071	25	10.23	三池丸	1,643
13	5.22	山城丸	1,068	26	1894.6.15	三池丸	1,524
						合計	29,139

第1回ハワイ官約移民では、946人が「シティ・オブ・トウキョウ」号で横浜を出航した。

このときの募集では、600人の募集に対して全国で2万8000人の応募があったという。そもそも、応募者はハワイへ出稼ぎに行くような感覚で、契約の3年が終われば帰国する意識が強かったようである。従って、渡航者数の8割を男性が占めている（合計29,139人中、男性23,340人、女性5,799人）。

飯田耕二郎氏の研究によると、官約移民第1～3回船（1885～1886年）で渡航したプランテーション労働者は西日本出身者が多く、広島、山口、熊本、福岡出身者で約85％を占めている。そして、渡航者の半数を超える51％が、ハワイ島のプランテーションへと渡ったということである（グラフ1）。

官約移民10年間の渡航者数を出身県別にみると、広島と山口で約3/4を占めている（グラフ2）。

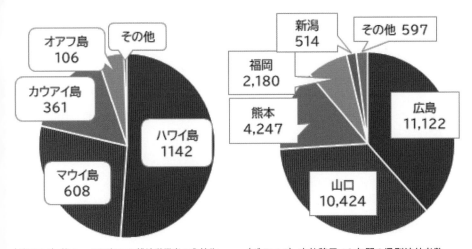

（グラフ1）第1～3回船での耕地労働者の入植先　　　（グラフ2）官約移民10年間の県別渡航者数

特記すべきは、山口県からの渡航者のうち約4000人（38％）が周防大島の出身であり、一地域としては最多であったことである。

③私約移民時代（1894 ～ 1899 年）＜渡航者数：40,208（41,678）人＞

　1894（明治27）年、ハワイ王国が崩壊。アメリカが傀儡政府であるハワイ共和国を樹立。日本からの移民業務は政府から民間に移され、私設移民会社の仲介による「私約移民」の時代に入る。この時代に設立された主な移民会社とハワイ渡航移民数は、『ハワイ日本人移民史』によると以下の通りである。なお、総渡航者数は、糸半商会や南友社等を含めると約42,000人になる。

創立年	移民取扱人	所在地	渡航回数	取り扱い移民数
1894	小倉　幸	大阪	4 回	約 2,500 人
〃	神戸渡航合資会社	神戸	11 回	909 人
1869	海外渡航会社	広島	61 回	11,731 人
〃	森岡　真（森岡商会）	東京	51 回	8,148 人
〃	熊本移民合資会社	熊本	46 回	7,738 人
〃	日本移民合資会社	神戸	21 回	5,800 人
1898	東京移民合資会社	横浜	14 回	3,382 人
1894	糸半商会	（不明）	（不明）	510 人
不明	南友社	ホノルル	（不明）	960 人
			合計	約 41,678 人

（備考）私約移民最初の輸送船は小倉幸所有の愛国丸。1894 年 6 月 29 日、150 名がホノルルに入港した

④自由移民時代（1900 ～ 1907 年）＜渡航者数：68,326 人＞

　1900（明治33）年、ハワイはアメリカの準州となり、契約労働制が禁止される。移住者個人の意志による「自由移民」の時代となる。

⑤呼び寄せ移民時代（1908 ～ 1923 年）＜渡航者数：62,277 人＞

　1908（明治41）年、日米紳士協定により、日本政府は新たな労働者の渡航を禁止。民間移民会社は消滅。集団移民の時代が終わり、ピクチャー・ブライド（写真花嫁）や、個人が親戚等を呼び寄せる「呼び寄せ移民」の

時代となる。

⑥移民禁止

1924（大正 13）年、アメリカの移民法が改正され、アジア出身者の移民が全面禁止。日本からハワイへの新規移住は事実上不可能となる。

官約移民が始まった 1885 年から、いわゆる「排日移民法」

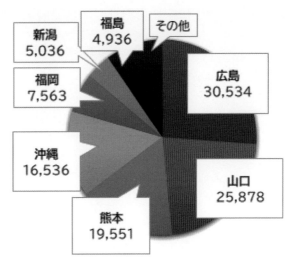

（グラフ3）　1924 年ハワイ在住日本人出身県別人口

広島 30,534
山口 25,878
熊本 19,551
沖縄 16,536
福岡 7,563
新潟 5,036
福島 4,936
その他

が施行される 1924 年までの 39 年間に、約 20 万人の日本人がハワイに渡った。

官約移民時代は、広島・山口・熊本・福岡出身者で 95％を占めていたが、30 年後の 1924 年でも西日本出身者が多い傾向に変化はない。広島・山口・熊本・福岡に加え、沖縄出身者の急増が注目すべき点である。

琉球が沖縄県になったのが 1879 年で、1898 年から沖縄の一般県民に徴兵令が施行される。当時の沖縄は非常に貧しく、また徴兵忌避の思いもあったようで、沖縄からの移民が始まったのは 1899 年だった。本土に比べて移民の開始時期は遅いが、移民者数はその後どんどん増え、1920 年代以降には日本からの移民の約 20％を占めることになる。これは、広島、山口、熊本に次ぐ人数である。

ハワイにおける日系社会は、西南日本出身者を中心に築かれたと言っても過言ではない。

（その3） 20世紀初頭のハワイ島の日本人居住者数

（表1）各島の日本人居住者数とその割合

年	ハワイ島	オアフ島	マウイ島	カウアイ島	その他の島を含めた合計（人）	ハワイ州の総人口（人）	総人口に占める日本人の割合
1896	10,949	4,452	3,462	5,515	24,407	109,020	22.4%
	44.9%	18.2%	44.9%	22.6%	100.0%		
1900	23,381	15,418	23,381	10,830	61,111	154,001	39.7%
	38.3%	25.2%	38.3%	17.7%	100.0%		
1910	27,237	27,128	27,237	12,541	79,675	191,909	41.5%
	34.2%	34.0%	34.2%	15.7%	100.0%		
1920	32,881	44,467	32,881	14,582	109,274	255,912	42.7%
	30.1%	40.7%	30.1%	13.3%	100.0%		
1930	33,748	69,585	33,748	13,905	139,631	368,336	37.9%
	24.2%	49.8%	24.2%	10.0%	100.0%		

（表2）ハワイ島の人種別人口とその割合

年	日本人	ハワイ人	ポルトガル人	その他白人	中国人	フィリピン人	その他	合計
1896	10,949	11,093	5,447	1,294	4,336	…	166	33,285
	32.9%	33.3%	16.4%	3.9%	13.0%		0.5%	100.0%
1900	23,381	10,595	8,122		4,668	…	77	46,843
	49.9%	22.6%	17.3%		10.0%		0.2%	100.0%
1910	27,237	9,924	7,100	5,004	2,995	1,251	1,871	55,382
	49.2%	17.9%	12.8%	9.0%	5.4%	2.3%	3.4%	100.0%
1920	32,881	9,868	7,046	4,567	2,649	6,512	1,372	64,895
	50.7%	15.2%	10.9%	7.0%	4.1%	10.0%	2.1%	100.0%
1930	33,748	9,935	6,170	4,188	2,098	1,595	1,230	73,325
	46.0%	13.5%	8.4%	5.7%	2.9%	21.8%	1.7%	100.0%

（表1）、（表2）はいずれもハワイ政府による調査（1896年）と米国国勢調査（1910、1930年）をもとに作成

ハワイにおける初めての日本仏教寺院が設立されたのは、1896年だった。偶然にもちょうど同じ年に行なわれたハワイ政府による調査では、日本人移民の約45%がハワイ島に居住しており（表1）、同島人口の約33%が日本人であった（表2）。

　ハワイ島ではその後、1920年にかけて島民のほぼ半数を日本人が占めるようになる（表2）。現在ハワイ島にあるお寺のほぼすべてが設立された時代が、この時期と重なっている。

移民たちは柳行李などに荷物をつめて海を渡った。
Hawai'i Japanese Center（布哇日系人会館）所蔵品

第 2 章

ハワイ島のお寺を
めぐってみよう！

Kohala

コハラ地区

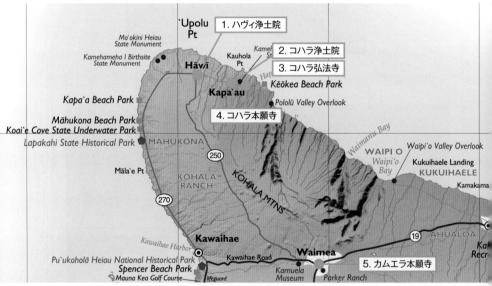

`Upolu Pt

Mo`okini Heiau State Monument

Kamehameha I Birthsite State Monument

Hāwī

Kauhola Pt

Kamel St

1. ハヴィ浄土院

2. コハラ浄土院

3. コハラ弘法寺

Kēōkea Beach Park

Kapa`au

Pololū Valley Overlook

Kapa`a Beach Park

Māhukona Beach Park

Koai`e Cove State Underwater Park

Lapakahi State Historical Park

4. コハラ本願寺

MAHUKONA

Waimanu Bay

WAIPI`O

Waipi`o Valley Overlook

Waipi`o Bay

Kukuihaele Landing

KUKUIHAELE

Kamakama

Māla`e Pt

250

KOHALA RANCH

KOHALA MTNS

270

Kawaihae Harbor

Kawaihae

Kawaihae Road

Waimea

19

AHUALOA

Kai Recr

Pu`ukoholā Heiau National Historical Park

Spencer Beach Park

Mauna Kea Golf Course

lifeguard

Kamuela Museum

Parker Ranch

5. カムエラ本願寺

カメハメハ大王の生誕地があると言われるコハラには、3本の道が走っ
ている。

　1つは、270号線。19号線をカイルア・コナから40分ほど北上すると、
道路はスペンサービーチの辺りでT字路になる。ここを左折すれば270号
だ。島の北西部を海沿いにぐるりと回る道だが、町らしい町はハヴィとカ
パアウくらいしかない。従って、車も人も少ない。カーラジオから流れる

30

這いつくばって水路を掘った労働者も、腰を伸ばし見上げたであろう

　音楽のほかに聞こえてくるのは、自分が走らせる車の音だけ。青い布を広げたような海が、真っ白い雲を散らした青い空と地平線でつながる。対向車が少ないのでのんびり行くと、やがてハヴィの町に入る。ここまで来ると、右手の丘陵地（コハラ山地）が町の背後に迫っている。そこには、傾斜を利用してつくったディッチ（運河）の後が今も残る。かつて日本人労働者の手によってつくられた灌漑用水路で、今も現役だ。私有地を通っているので個人で見学するのは困難だが、観光ツアーに入れば見ることはできる。270号線を突き進むと最後はポロル渓谷に行き着き、そこで道は途切れる。

　もう１本は、270号と別れたＴ字路を右折して東に向かう19号線で、コハラ地区南部を走る。この道を進むと、15分ほどでパーカー牧場や大きなスーパー、商店が並ぶワイメアの町に出る。

　この２本の道路で囲まれたエリアがコハラ地区になり、その真ん中になだらかなコハラ山地が広がる。３本目の道は、そのコハラ山地を縦走するコハラ・マウンテン・ロード（250号線）で、ハヴィとワイメアをつないでいる。細かな雨が上がると、緑のコハラ山地に虹がかかる。南に隣接するのは砂漠地帯であるというのに。ハワイ島の地形と気候の不思議を思わせる７色は、いつも淡い。

初期寺院の外観を今に残す

1. ハヴィ浄土院 (ハヴィ教会堂)

Hawi Jodo Mission

【宗派】浄土宗
【住所】55-1104 Akoni Pule Hwy, Hawi, HI 96719
(DMS) 20° 14' 15.7" N 155° 50' 06.8" W
【開教使（兼務）】ワジラ・ワンサ先生　【設立】1905（1909）年
【現在の建物】1932 年建設、1958 年大修繕　【メンバー数】33 人

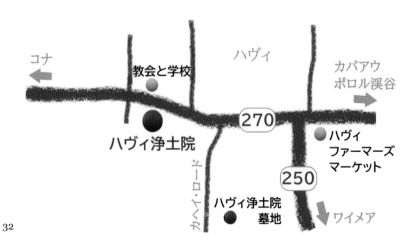

ハワイ島の玄関口となる大きな町は、東岸のヒロと西岸のコナになる。行政、経済の中心はヒロであり、コナは現在ではリゾート的雰囲気が強い町になっている。

　コナから海岸に沿って走る19号線を北上する。コナ空港、大型リゾート施設等を左に見て進むと、道路は270号線との分岐にいたる。ここで左に折れて270号線に入り、さらに海岸沿いを進む。道はやがて右にカーブし、島の北側の海沿いを走り始める。しばらくは海と丘陵地だけが続く。ハヴィ浄土院は、ハヴィの町に入る手前にある。

　寺のそもそもの起こりは、1905（明治38）年、プランテーションで働く日本人移民の要望により、開教師がハヴィ・キャンプ（居住地）で日本語学校を始めたことである。寺院は1909年に現在とは別の場所に教会堂として建てられ、1932（昭和7）年に現在地に移転・新築された。

　元の場所は、現在ファーマーズ・マーケットが開催される辺りだったという話も聞くが、武居熱血『布哇一覧』の地図では、さらに南の山側にあったようにも思われる。

　1958年、創立50周年慶讃法要に合わせて、1200ドルをかけ本堂と庫裏の大修繕が行なわれている。本堂は、長方形をした奥行きのある芝生広場の奥にある。筆者が初めて訪れた時は、赤茶色の階段にひもが張られ「ペンキ塗り立て」の紙が下がっていた。緑色のトタン屋根には草が生え、外の柱や窓枠の塗装はペラペラと剥がれていた。後日、再訪したときには、メンバーが別の場所にペンキ塗りをしているところだった。ボランティアで少しずつ塗装をし、建物の保持に努めている様子がわかる。

　本堂の階段の上に、1909年建設当時の鐘が掛けられている。この喚鐘は本来、ハマクア浄土院の鐘であったが、後にホノカア本願寺に移され、その後、行方不明となっていた。喚鐘を買い求めたメンバーが探し出し、改めてハヴィ浄土院へ寄付したという経歴を持つ鐘である。

　本堂左前の手水鉢は、2本の柱に支えられた屋根の下にある。その柱の1本に「一九三十二年二月」とあり、現在地に移転した当時のものであるとわかる。本堂内は信徒席の周りに回廊を設けたような設計になっており、内陣には落ち着いた祭壇がまつられている。日本風の伝統的な建築様

1960年代までの賑わいを想像してほしい本堂

戦争に翻弄された、かつての日本語学校

式と全体的なシンプルさから、ハワイ島における初期の寺院の様子が偲ばれるようだ。

本堂に向かって右隣の土地は少し高くなっている。そこには、寺と同じ赤と緑色に塗られた木造の小さな体育館ほどの建物がある。片側にステージがあり、それに向かい合う反対側には冷蔵庫と調理場を備えているのでソーシャル・ホールの様式だが、かつては日本語学校だった建物だ。1926年（大正15）に建設され、第2次大戦中の1941年から戦後の1981年までアメリカ軍に接収された。返還されたときは床等の傷みがひどかったので、5万ドルかけて修理したそうだ。今は、コミュニティの集会や沖縄県人会等にレンタルしている。本堂を含め、これほどの施設が信者の手により建てられたことに、日本人の器用さと熱意に驚かずにいられない。

こちらの建物の前にも、本堂前と同じ形と広さの双子のような芝生広場がある。寺は、土地の人やメンバー、日系人たちの交流の場であり、この広場も村の人たちが集まるイベントに使える広さになっている。この寺の開教使は、日本語が堪能なワジラ・ワンサ先生。スリランカから日本に留学し、僧侶としてこの地に来た。ハヴィのほかにコハラとハマクアの浄土院を兼務している。

ハヴィ浄土院墓地

　ハヴィ浄土院墓地へは、かつては寺から裏山の墓地を行き来する道が整備されていたようだが、車で行く方がよいということで、ワンサ先生に案内してもらった。

　カヘイ・ロードを南に0.5マイルほど上がり、左へ。ぱらぱらと墓石が並ぶ広い敷地に入る。手前に3mほどの大きな記念碑が建つ。台座に「明照青年会建設　1919」と刻まれ、碑には当時の中山開教使に感謝する内容の言葉が綴られている。1919年（大正8）は、墓地用に6エーカー（1エーカー、約1224坪）を購入した年である。

　メンバーの減少とともに墓地の整備が難しくなり、現在は草刈り等を外部に依頼しているという。にも関わらず、墓地周辺部の墓標はジャングルにのみ込まれそうな状況にある。

2. コハラ浄土院（カパアウ仏教会堂／小原寺）
Kohala Jodo Mission

【宗派】浄土宗
【住所】54-541 Kapaau Rd, Kapaau, HI 96755
（DMS）20° 13' 26.8" N 155° 47' 59.1" W
【開教使】ワジラ・ワンサ先生 【設立】1902 年
【現在の建物】1922 年建設（1932 年増築拡張）1980 年大修繕。 【メンバー数】25 ～ 26 人

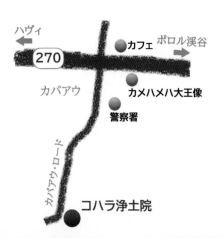

270号をポポロ渓谷に向いて走り、カパアウの町に入ると、カメハメハ大王の大きな像が右手に現れる。

カメハメハ大王像の第1号は、1880年代にフランスから贈られたが、船で運ばれて来る途中に難破し海底に沈んでしまう。大王像は新たに発注され、第2号がオアフ島・ホノルル（ワイキキ）に建てられた。その後、沈んだカメハメハ像が海底から引き上げられる。色を塗り直し、ハワイ島のここカパアウに設置された。住民たちは、2000年に専門家による大改修が行なわれるまで、100年以上にわたり手入れをしてきたという。もう一体、ハワイ島ヒロにも建っているが、これはもっとも新しいものだ。もともとカウアイ島のリゾート施設に設置する予定だったが、様々な問題が起こり最終的にたどり着いた場所がヒロだったという。

つまり、ハワイ全島に3体あるカメハメハ大王像のうち、このカパアウのカメハメハ大王像こそが元祖と言える。ハワイ島には2体の大王像が建つが、その歴史だけでなく、大きさや色、よく見ると顔も異なるので、ぜひ注目してほしい。

その大王像が建つ小さな広場に沿って右手の坂道を上がると、正面にコハラ浄土院はある。

この地で浄土宗の布教が始まったのは1902年、翌年には2階建ての「カパアウ仏教会堂」兼小学校と、日本人共同墓地が整えられた。1922年に建設されたこの寺は、その後、改築・大修繕を経て現在に至り、コハラにある最古の日本仏教寺院である。「コハラ浄土院」と改称したのは戦後になる。

本堂の左、墓地の正面に二重の塔のような屋根を頂く納骨堂があり、戸はいつも開けられている。天井まで届く高さの仏壇が納められ、この扉も開けられている。なかに10cmほどの小さな仏様が、仏壇に見合わないサイズで鎮座。近づいて見ると、仏壇は腕のよい素人の手づくりであるのがわかる。装飾と呼べるものは一切なく、白木に黒い塗装が施されているだけだ。貧しかった1世・2世たちが宗教にすがり、信心に救われ、信徒同士の絆を強めた時代のものであろう。思わず合掌せずにいられない。

ここは本来、経蔵（経典を収蔵する建物）として1909年に建てられた

かつてはハワイ州唯一の経蔵だった納骨堂

もので、経蔵のある寺院はハワイ州でここ以外にはなかったが、現在は納骨堂の役割を果たしている。しかし、シロアリの被害がひどく、「どうしたものか、困っています」と、ワンサ先生。納骨堂に納められたお骨の数が少ないのは、島外に移住した子どもたちが引き取っていくからだとか。仏壇の両脇にマニ車（経文が入った筒を回すとお経を読んだことになるチベット仏教の仏具）が飾られている。不思議に思ってワンサ先生にたずねたが、「私も知りたい」。いつから、どうして、ここにあるのかは謎らしい。

　納骨堂の背後が墓地になっている。刻字が読み取れないほど古い墓石から、新しいものまで整然と並んでいる。中央にある「三界万霊」と彫られた石は、無縁の霊を弔うためのもの。

　ここには、元年者（日本からハワイへの初移民）の五十嵐松五郎の墓がある。ワンサ先生は、地域の史誌に「元年者の墓がある」と記述されているのに気づき、墓石を探して見つけ出したそうだ。コハラ浄土院設立の中心メンバーであった五十嵐松五郎の名は、ヒロの「Hawai'i Japanese Center（布哇日系人会館）」（P152 参照）で見ることができる。そこには、彼から始まり、ハワイ島に定住した6世代の家系図が掲示されている。彼の墓は墓地に向かって右奥、A-17。1つの台座に3基並ぶうちの1つ。古い墓石なので字は読みづらいが、台座に付けられたプレートに、左からJUN、UME、そして MATSUGORO と記されている。

　本堂の外観は緑と白、階段は赤茶色に塗られている。階段を上がったところに下げられた喚鐘は1906（明治39）年の鐘だが、本堂と同じ緑色をしている。本来の銅の色ではない。「誰かが塗っちゃった」と先生。

五十嵐松五郎のプレートを指すワンサ先生

　宮殿右横の壁にずらりと並ぶ明治時代の経典は、300冊を超えるだろう。この寺の元経蔵から移された貴重なものだ。経典の見返し（表紙の裏）には、1セットごとに文章は少々異なるものの収蔵された経緯が記されている。それによると、法然上人700年大遠忌の明治44（1911）年、中村浄真開教使が縮刷大蔵経を購入し、沖縄出身者が経蔵を建立したことになる。

　祭壇はハワイのコア材が使われ、調度品にもコアとモミが使用されている。愉快なのは、手づくりとわかる木魚。魚鱗の彫刻がない上に、形はどう見ても蟹の形をしている。

　棟札を見せてもらうと、「大正十一年一月二十二日起工　八月五六日上棟入佛式」とある。これは、もともと2階建てだった本堂の下の階を取り除いて、上層部を下ろした年になる。

　内陣を囲む欄間の隅に、シロアリによる傷みが見られる。本堂もシロアリ被害に悩まされ、5年に1回は対策をしないといけないという。メンバーたちがしょっちゅう来て、あちこち修理してくれるそうだ。喚鐘が緑色に塗装されているのも、ボランティアによる修理だったのだと納得。

　ユニークなのは、外陣をずらりと飾る布。縦長の白布に様々なパターンの柄が施されているが、中心になるのはすべて提灯。それというのも、亡

コア材で作られた貴重な仏壇

くなった人の名前を入れるためのものだからだ。お盆に、白布を連結して屋外に吊り下げる。お彼岸になると燃やすそうだ。この寺だけの特色で、アイディアを出し制作しているのはメンバーのオオタさん。3世で、「祖父はサンデースクール（日本語学校）のティーチャーだった。でも、私は日本語が話せない」。オオタさんの祖父はコミュニティのリーダーだったそうだ。彼女はハワイ島を出てカリフォルニアで暮らしていたが、リタイア後に戻ってきたという。

　ワンサ先生は、スリランカから日本の佛教大学に留学。6年間日本に住んだ後、ハワイに来て30年以上経つ。先生から見た日系人は、2世は日本語を使い仏教を大事にしていて日本的だが、3世以降になると日本語を解さないし、心はアメリカ人。仏の教えをどこまで深く理解しているかわからないが、親世代が一生懸命やっていたことを受け継ごうとしているそうだ。オオタさんも寺の理事長だった親が心を尽くしてやっていたのを知っているから、今こうしてお寺の手伝いに来るという。

　本堂の横手に回ると祭壇の後背にあたる部屋がソーシャル・ホールになっているのがわかる。筆者は季節を変えて3回この寺を訪れたが、いつもこの部屋にはバザー用品が準備されていた。「夏のランタンまつり」の写真等が飾られていることからも、この寺が地域の交流を担っていることがうかがわれる。

今まさに終焉に向かいつつある

3. コハラ弘法寺（カパアウ弘法寺）

Kohala Koboji Mission

コハラ地区

【宗派】高野山真言宗
【住所】54-3833 Akoni Pule Hwy, Kapaau, HI 96755
(DMS) 20° 13' 52.9" N 155° 48' 10.0" W
【開教師（兼務）】宮崎弘雅先生 【設立】1924 年
【現在の建物】1950 年建設 【メンバー数】0 人

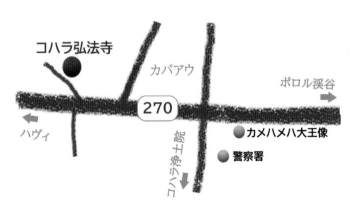

コハラ弘法寺
カパアウ
ポロル渓谷
270
ハヴィ
王大ハメハメカ入口
カメハメハ大王像
警察署

カメハメハ大王像から西に進む。カパアウの集落を抜けた直後、右に小さな看板があり、合気道道場と記されている。これが目印だ。非常に小さい上に低い位置にあるので、草に隠れていて見落としやすい。実際、筆者も初めて訪れたときは、何度も行ったり来たりしてやっと見つけたほどだ。後日再訪したときには、その看板さえ剥がれ落ちて、下の草むらに転がっていた。2019年冬には新しい看板になり、弘法寺の名も掲げられていたが、見落としやすい点では変わりない。しかも、東から西に向かってこないと読めない角度になっているのでご注意を。

開教使は、コナ高野山大師寺の宮崎弘雅先生が兼任していて、普段は無住のお寺だ。

看板から斜めに上がる短い坂があり、上がると寺院の前は芝生が広がっている。周囲はジャングルで日当たりが悪い。雨の後に訪れると、足下の芝草からジュワジュワと水がしみ出してきてスニーカーを濡らす。コナ高野山大師寺で、宮崎先生から「建物の前がぬかるんでいるから気をつけて。この前私が行ったときも、タイヤが滑って車が出せなくなり往生した」と言われたことがある。

最初の堂宇（堂の建物）は1924（大正13）年に建てられ、「古波羅（鈷波羅）密山　弘法寺」の山号・寺名を受けている。その当時の喚鐘が本堂正面左側に掛かっている。現在の建物は1950年建立、かわいいお寺だ。あまりの小ささと、ベニヤ板を張り付けただけのようなつくり、そして白を基調に青で縁取りしたペンキ塗りは、これが日本仏教の寺であるとは信じられない思いにさせる。正面ファサードの個性的な形はインド西洋風の寺院である。本堂入口の左に、お大師さん（空海）の祠。左奥に続く建物は庫裏。右奥には道場（ソーシャル・ホール）がある。

本堂はふだん閉まっていて、めったに使われないそうだが、正面中央に護摩壇、その上に鳳凰と龍の天蓋、主祭壇には弘法大師像がまつられており、伝統的な真言宗の様式になっている。

右側から裏に回って合気道道場を覗くと、かつてのソーシャル・ホールの名残としてステージがある。そこは今、長椅子・腰掛け・棚が置かれていて休憩所のようだ。道場の床は薄いクッションが敷きつめられ、その上

かつてのソーシャル・ホールの面影を残す合気道道場

を白い布で被いつくしている。本堂よりも面積が広い。壁面に、合気道メンバーの名札と歴代開教師の写真、その前には仏具が置かれていて、宗教と武道、過去と現在が混在している。剣道の竹刀も隅に置かれていた。

　ここに限らずどの寺でも、ソーシャル・ホール等を利用して武道や踊り、太鼓等の教室が開かれている。それは日本の文化を継承、広める意味があったのだろう。しかし、現在では故国への郷愁や文化継承の意識というよりは、流行や趣味で参加する若者が多いのではないだろうか。

　本堂裏手にはキッチンもあるが機能しておらず、さらに寺全体の建物が腐食している。本堂の窓枠に手を掛けたら、ふわんとイヤな手応えが返ってきた。すでに朽ちつつある感触だ。指先で感じたのは、そう遠くない未来の哀しい姿だった。

　この寺には現在、信者はいるがメンバーとして活動する人はいない。コハラ浄土院のメンバーがボランティアとして助けに来ることもあるらしいが、管理と維持を担っているのは合気道団体である。将来的にはこの団体の所有に移っていく可能性が考えられる。

ハワイアン鉄道（マフコナ鉄道）

プランテーション産業盛時の繁栄を想像させる、ハワイアン鉄道会社の事務所跡

　北コハラ地区のサトウキビ・プランテーションから、船が着岸できるマフコナまでサトウキビを輸送した鉄道（1882 ～ 1945）。

　鉄道が開通する以前は、6つのプランテーションから海岸線のいくつかの船停泊地点まで牛を使って運搬していた。何百人もの人々が、サトウキビを陸地から艀、艀から汽船に載せるための危険な作業に従事していた。そこで、安全な港を年間通じて稼働させることのできるマフコナ港を改修、桟橋を建設して、鉄道敷設作業が開始したのが 1881 年だった。翌年には 15 マイル（約 24km）が完成。さらに翌年には 20 マイル（約 32km）に延伸し、ニウリにある最も奥のプランテーションまでつながる。列車は時速 12 マイル（時速約 19km）で、17 の渓谷を渡り、いくつものカーブを描いて走った。

　コハラ北部は大量の砂糖生産地で、多額の利益を上げていた。鉄道も大量の荷物と乗客を運んだが、1899 年にシュガー・カンパニーによって買

収される。

　その後、シュガー・カンパニーの工場移転や統合、閉鎖、トラック輸送の発展にともない、1945年に活動を終える。第2次世界大戦の勃発によって、日本の潜水艦が港の船舶を攻撃する恐れが生じ、海軍がマフコナ港を一時閉鎖したことも深刻な影響を及ぼした。

　1956年に港が完全に閉鎖され、現在はマフコナ・ビーチパークになっているが、錆びた巻上機の残骸が残っている。鉄道会社の事務所の建物も残っていて、「Hawaii Railway Co., Ltd 1930」の看板がある。港へ行くには、270号線マイルマーカー15（マイルマーカー・距離をマイルで表した距離標識）付近で「マフコナ・パーク・ロード」に入れば、海岸近くまで下れる。そこまで行けば、港は右にある。

今も巻上機の一部が残る、マフコナ・ビーチパーク

コハラ地区最古の寺の１つ

4. コハラ本願寺

Kohala Hongwanji Mission

【宗派】浄土真宗本願寺派
【住所】53-4300 Akoni Pule Hwy, Kapaau, HI 96755
(DMS) 20° 13′ 27.1″ N 155° 46′ 08.0″ W
【開教使（兼務）】ブルース・ナカムラ（仲村）先生
【設立】1907 年　【現在の建物】1977 年建設　【メンバー数】12 人

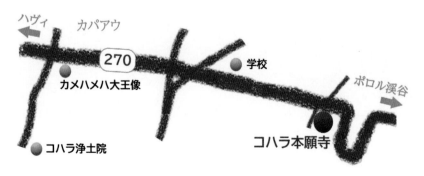

カパアウの町のカメハメハ大王像から東へ進む。集落が終わるあたりの右手に紫色の小さな看板があり、「KOHALA HONGWANJI MISSION 1977」とある。

　最初の開教使がこの地に来たのは1907（明治40）年。現在地よりも3kmほど東のニウリに信徒が借りた家屋を仮布教所としてスタートした。創設年はこの年になる。翌年には寺院と学校が建設される。その後、コハラ・シュガー・カンパニーから土地を得て、現在地に新しい寺院が完成したのは1977（昭和52）年だった。

　コハラ地域では、この寺が創設される24年前に、東のニウリから西のマフコナ港までの20マイル（約32km）を鉄道が敷設されていた。プランテーションから港へとサトウキビを運ぶ大動脈が走り、耕地では大勢の移民労働者が働いていた。しかし、プランテーションの衰退とともに、その賑わいも衰退していった地域である。

　コハラ本願寺は、カムエラ、ホノカア、パアウイロの各本願寺とともにナカムラ先生が兼務するお寺で、留守中は敷地入り口が施錠されているが、敷地の周囲に囲いはないので形だけの施錠である。隙間から失礼すれば誰でもかんたんに立ち入ることができてしまうが、不法侵入になるのでやめておこう。ナカムラ先生は日曜日ごとに兼任の寺を回っていて、ここコハラは第3日曜日がお勤めになっているので、会って話を聞きたい方にはその日に出かけることをお薦めする。

　現在のメンバー数は12人と非常に少ないが、彼らの手によってきれいに管理されている。本願寺派は、島内28寺のうちの13寺と圧倒的に多い。当然メンバー数も多く、資金的に余裕があるのか、寺の構えが立派なものが多い。それを思うと、コハラ本願寺は同じ本願寺でも勢いの差を感じるが、メンバーが少ない小さな町では仕方ないだろう。

　屋根は平屋根に近く、建物全体の形は四角で一見お寺に見えない倉庫様式。あっさりした外観だが、内部も非常にあっさりしてシンプルな装飾である。本堂内部はソーシャル・ホールと寺院ホールとに分けられている。さらに寺院ホールの片隅をアコーディオンカーテンで仕切って机椅子を置き、ミーティングルーム的に使われている。

本堂に向かって左に吊された喚鐘には、明治44年（1911）の日付がある。この年は、まだニウリに寺院があったときに、内陣の宮殿や仏具のすべてを購入した年である。

コハラ本願寺墓地

　2019年12月、この寺の創建の地、ニウリへと車を走らせた。

　コハラ本願寺を後に、ポポロ渓谷に向かって走る。マイルマーカー27を過ぎると、曲がりくねった道になる。大きい右カーブのあと、「ポポロ1/ケオケアパーク2」の標識を左折、ワンレーン・ブリッジを2つ渡ったところで道は海に向かって下る。「ケオケアビーチパーク左」の標識に従って進むと、墓地は右手に現れた。墓地の前の芝生広場に車を停めると、剥がれてはいるが、何とか「コハラ本願寺ミッション」と読み取れる白い看板が立っていた。

　旧コハラ本願寺は、この墓地に隣接して建っていたらしい。墓地の背後と左右は、アダン等の樹木が生い茂ったミニジャングルになっている。海が背後に迫っているので、そちら側はすぐに崖になっている。地形から推測すると、旧本願寺は左右のどちらかに建っていたのだろうか。日本語学校も併設されていたと聞くから、それにしては狭い。

きれいに整備されたコハラ本願寺墓地

墓地内には150～160基の墓石が整列している。直方体の墓石に混じって、ただの石ころと勘違いしそうなものも多い。そんな石ころ墓石の1つにポインセチアの鉢植えが供えられていた。刻字の一文字さえ残っていない墓石なのに、自分の祖先の墓であることを知っているのだ。ポインセチアの赤い色に、祖先を尊び供養する心が感じられた。

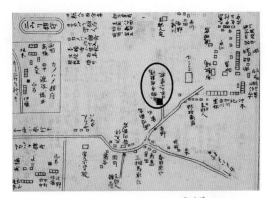

武居熱血『布哇一覧』、ニウリ舘府(キャンプ)の地図

さて帰ろうと芝生広場に停めた車に戻ったとき、ふと閃いたものがあった。武居熱血(たけいねっけつ)（P50参照）の『布哇一覧』(ハワイ)（1914）の地図である。車中に入れてあったその資料を取り出し、現在の道路と比べてみると、ほぼ同じだった。そして「本願寺布教場・日本人小学校」の文字は、ケオケア・ビーチ・ロードから少し入ったところに記されているではないか。武居熱血の地図が正しければ、旧本願寺と墓地は離れていたことになる。

来た道を戻り、旧本願寺があったらしき場所を探してみた。ところが、アクセスできる道は未舗装で、車1台がようやく通れるような細い道。その先には、当然のごとくジャングルが広がっている。旧本願寺の痕跡探しは断念した。

内のラベル: ケオケア・ビーチパーク、コハラ本願寺墓地、ケオケア・ビーチ・ロード、旧本願寺、ハワイ カパアウ、ケオケア・ビーチ・ロード、270、270、ポロル渓谷

コハラ地区

武居　熱血

武居熱血

　武居熱血は商店主、雄弁家、ジャーナリスト、コピーライター、写真家、地図製作者、編集・出版者と多彩な才能を発揮したマルチタレントであった。

　山口県下松市出身。1879年に酒造所の長男として生まれたという。

　1903（明治36）年12月ハワイに渡航。24歳のときだった。彼の旅券は「演説および著述業」という珍しい職業で発給されている。

　ハワイにおける最初の演説はホノルル到着のわずか10日後、12月25日、ホノルル座（ダウンタウン北にあった大衆映画館）での日露戦争開始予言演説だった（『日布時事』1928年4月10日）。本名は「あつし（漢字表記不明）」だが、このときにはすでに「熱血」を名乗っている。その後、ハワイきっての大弁士と自称し、各島を回って演説をしている。この頃は自称「弁論家」であった。

　一方で、各島で多くの日本人が住んでいた地域の写真を撮ったり、地図を作成したりしながら『布哇みやげ』、『ホノルル繁昌記』、『布哇一覧』、『布哇王朝史』、『布哇活動の大和民族』等を出版。この頃は自称「著述家」でもあったようである。

　『布哇みやげ』の広告には、「1版2版で8000部売り尽くした、残部たった250冊、定価1冊1.50ドル」というキャッチコピーをつけている。現在の通販コマーシャルでよく耳にする、「限定○セット、申し込みはお早めに」と同じ手法。後に武居商店を開業するが、その店のキャッチコピーが、「武居が安い、安いが武居」。なんとも見事である。

　「私の広告文句や宣伝方法が非常におもしろいと言われているが、私は

50

武居呉服店（年代不明）

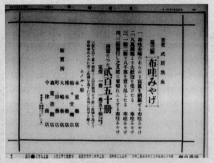
『布哇みやげ』新聞広告（『日布時事』1912年）

いつも熱心に研究して時代の先端を行くように気をつけている。実際ハワイで今頃使われている広告文句は私の発明したものがかなりある。時々日本の商店界にも出ている」と、記者の質問に答えている（『日布時事』1939年7月13日）。また、「どんなに言葉巧みに売りつけても、その品がまがい物であったり、値段だけの価値がなかったら、もう最後だ。客足はすぐに絶えてしまう。正直は信用の母、正直にさえしていれば店は繁盛する」（『布哇サンデーニュース』1941年8月17日）と、商売の極意を述べている。こうして、武居熱血は自称「商人」としても成功を収める。

　商人の顔を持つ傍ら、講演、ラジオへの出演、祝賀会や結婚式等の司会等、持ち前の能弁ぶりを発揮してマルチに活躍。「商界の一異彩」「大熱弁は日本人社会の特殊の名物」等と称された。

　第2次大戦中はアメリカ本土に抑留。戦前の肩書きは、武居呉服店主、ホノルル日本人商業組合副組合長(1939)、山口県人同志会副理事長(1939)、下松市人会会長（1940）であった。1961年没。

　筆者は、地図を主体とした彼の出版物である『布哇一覧』(1914)を使い、当時の場所の特定や検証の参考にした。『布哇一覧』は主要4島にわたる日本人居住地の地図であり、現在の地図と比べてもかなり正確である。居住者名や人数等も記されており、当時の耕地労働者の生活を知る上で欠くことのできない貴重な記録となっている。

カウボーイの町の仏教寺院

5. カムエラ本願寺 (ワイメア本願寺)

Kamuela Hongwanji Mission

【宗派】浄土真宗本願寺派
【住所】65-1110 Mamalahoa Hwy, Waimea(Kamuela), HI 96743
(DMS) 20° 01' 30.9" N　155° 39' 51.4" W
【開教使（兼務）】ブルース・ナカムラ（仲村）先生
【設立】1969 年　【現在の建物】1954 年建設　【メンバー数】95 人

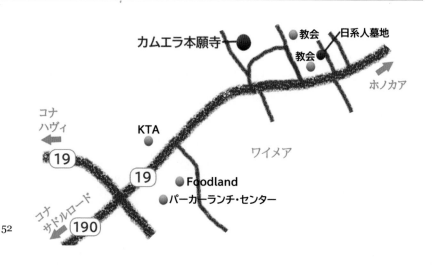

ワイメアの中心にあたる交差点から19号を東に進むとすぐに、道路左手に少し引っ込んでカムエラ本願寺はある。他寺の例に倣えば、ワイメアにあるのだからワイメア本願寺と称するはずだが、この寺は「カムエラ」本願寺である。

　ワイメアという地名はハワイ州各地にあるため、区別をするために郵便局はこの地を「カムエラ」とした。そんなわけで、本願寺も郵便局の名前と同様にカムエラ本願寺となったわけである。

　本堂前の屋外に、牛若丸のような服装をした子どもの像が建っている。銘板には「MATSUWAKAMARU」とあり、親鸞聖人9歳時の像である。「子ども時代の聖人の像は大変珍しい」と、ブルース・ヨシハル・ナカムラ（仲村）先生。ラフなシャツにスラックス姿の先生を、最初はお坊様だと判断できなかった。「輪袈裟は花祭りや降誕会、報恩講等のときに身につけ、それ以外は黒の法衣。普段はリラックスした服装」だという。日本のお坊様と当然変わらないわけだ。

　ミドルネームのヨシハルは「吉春」と書き、祖母・ウサさんがつけてくれた名前だ。19世紀末に沖縄読谷村から1人で渡ってきたウサさんは、紆余曲折の後に同じく沖縄出身の仲村さんと結婚してヒロに住んだ。ヒロ周辺は沖縄からの移民が多い。ハワイ島の9割の開教使は日本から派遣されてくるそうだが、ナカムラ先生はヒロに生まれ育った。ときおり日本語の単語が出るが、会話はほぼ英語である。お顔はまったくの日本人だが、アメリカ人なのだ。

　ナカムラ先生は、カムエラのほかにコハラ、ホノカア、パアウイロの各本願寺も兼任している。合わせて200人のメンバー（信徒）になる。日曜日毎に各寺を回るという多忙さなのに、「ありがたいことです」と言う。

　また先生は、「日系の集会は非常に大事」とも言う。メンバーたちは集会を開いて寺のボランティア活動を相談したり、自分たち日系人の親交をはかったりしているのだそうだ。

　この寺の歴史は、ワイメア地域の人々がハマクア地区にあるホノカア本願寺のメンバーとなった1920年頃に始まる。『ハワイ日本人移民史』によると、翌年には、「ホノカア本願寺カムエラ仏教婦人会」が発足している。

婦人会は、ワイメアの現スーパーKTA辺りにあったサカモト・ストアで会合を開いていたという。

1930年に信徒が日本から大きな仏壇を持ち帰り、かつて学校として使われていた古い小さな建物に安置した。それまで個人宅や商店で行なわれていた寺院のサービスは、この建物を寺院として行なってきたようだ。

第2次大戦後、仏壇を安置していた建物の老朽化が進み、ワイメア地域のメンバーたちは現在の地に「ワイメア本願寺」を建設した。それが現在の建物であるが、ハワイ本派本願寺教団発行の冊子（1954年発行の沿革誌、1962年発行の団員名簿）には、この寺に関する記述がない。公式には、1969年になって「カムエラ本願寺」と改名した年を設立年としている。つまり設立は新しいが、メンバーの活動の歴史は古い寺だと言える。現在のメンバー数は95人。

本堂を正面から見ると、日本の仏教寺院というよりも、どこかインド風であり、キリスト教会の雰囲気もあわせ持つ外観である。島内で多く見かけるインド西洋風の建て方だ。

島内ほとんどの寺院の本堂は、日本の寺院と同じく高床式になっているが、階下がソーシャル・ホールになっている点が日本とは違う。しかしカムエラ本願寺は、高床になっていない。ソーシャル・ホールは本堂の下ではなく、別棟になる。

本堂の内陣中央にある仏壇は、1962年に日本から購入したものである。前卓はもともとヒロ別院にあったものらしい。仏壇の左右には、親鸞聖人と蓮如上人がまつられている。外陣前方の壁には、西本願寺現門主・大谷光淳師の「自信教人信」額が掲げられている。これらの様式は本願寺特有である。

日本からの初期の移民は、サトウキビ・プランテーションで働く場合がほとんどであったため、寺院はプランテーション耕地の多いエリアに建てられた。ところが、この寺があるワイメアにはサトウキビ・プランテーションはない。これは珍しいことだが、プランテーション労働者はいなかったけれど、牧場労働に従事する日本人がいたわけである。比較的雨の多い地域なので、サトウキビ栽培よりも牧場経営に向いていたのだろう。ワイメ

本堂内陣

アには有名なパーカー牧場があるし、コハラ山地を通り抜ける道を走れば両脇には延々と放牧場が続くエリアなのだ。

　カウボーイの町として繁栄したこの町は、桜祭りも有名である。2月の第1土曜に開催される恒例の「Waimea Cherry Blossom Heritage Festival」だ。

　桜の木は『ハワイ（布哇）報知』（ハワイの邦字新聞）を41年間にわたって発行した牧野金三郎（フレドリック）氏を記念して1953年に植えられた。彼は米国民主主義に基づいて、ハワイ日系人の権利と自由を追求した人物である。彼によって勇気づけられた日系人は多い。桜が植樹された1953年は、彼が亡くなった年にあたる。1975年には、ワイメアに定住した日本人移民100周年を記念してさらに50本が植えられている。

　カムエラ本願寺は、着物・桜の工芸品等のグッズ・食品販売、ブルース・ナカムラ先生による浄土真宗のお話、日本の伝統的な折り紙・盆栽・合気道・餅づくり等の活動で桜祭りに参加をしている。これは、寺が地域とのつながりを強めるための大事な活動になっている。

Hamakua
Coast
ハマクア・コースト

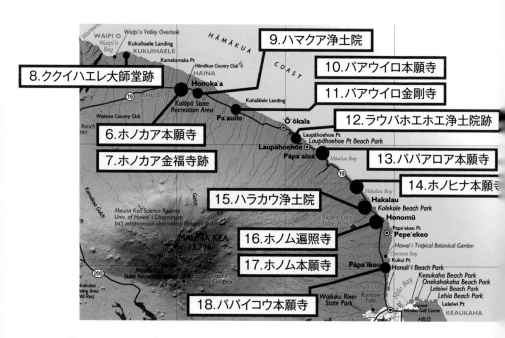

9. ハマクア浄土院

10. パアウイロ本願寺

11. パアウイロ金剛寺

8. ククイハエレ大師堂跡

12. ラウパホエホエ浄土院跡

6. ホノカア本願寺

13. パパアロア本願寺

7. ホノカア金福寺跡

14. ホノヒナ本願寺

15. ハラカウ浄土院

16. ホノム遍照寺

17. ホノム本願寺

18. パパイコウ本願寺

　『ホノカア・ボーイ』という映画（2009年公開）がある。主人公レオ青年を、NHK朝の連ドラ『なつぞら』に出ていた岡田将生が初々しく演じている。見終わって印象に残るのは、日系人女性ビー役の倍賞千恵子だった。じつにかわいく切ないお婆ちゃんを演じている。ほかに、喜味こいし、松坂慶子、正司照枝らが個性的な脇役として味を出している。ただ、登場する日系人が皆、流暢に日本語を話すのには違和感がある。とは言え、日

ノスタルジックなホノカア・タウン

系人コミュニティの温もりやノスタルジーあふれる街の風景に心ひかれる
映画だった。

　ストーリーは省略するが、舞台はハマクア・コースト北部のホノカアだ。
ホノカアには、昔の面影を残す町並みが残っている。レオ青年が働く映画
館も実在する。

　ホノカアに向かうには、ヒロから国道 19 号を北上する。ヒロは、島の
反対側のコナと並ぶハワイ島随一の町だが、中心部から北に外れてハマク
ア・コーストに入ると、自然豊かで静かなエリアになる。やがて人家がと
ぎれ、海が陸地に細く入り組んだ地形が繰り返される。橋は架かっていな
いので、地形に合わせてクネクネと走らなくてはならない。小 1 時間もす
れば、車は右手間近に太平洋を見ながら進むことになる。ホノカアは、も
う間もなくだ。

　ハワイ島北東部に位置するハマクア・コーストは、かつてはサトウキビ
栽培が盛んな地域だった。従って、プランテーション耕地とそれに関連す
る施設が多かった。当然移民も多かったので、日本の寺が建てられた。ハ
マクア・コーストには現在も活動を続ける現役のお寺が連なるように存在
し、どこも海岸線から近い場所にある。

後藤潤（かつ）の法要をする

6. ホノカア本願寺 （ハマクア本願寺）

Honokaa Hongwanji Mission

【宗派】浄土真宗本願寺派
【住所】45-516 Lehua St, Honokaa, HI 96727
（DMS）20° 04' 43.2" N　155° 28' 12.0" W
【開教使】ブルース・ナカムラ（仲村）先生
【設立】1904 年
【現在の建物】1951 年建設　【メンバー数】７５人

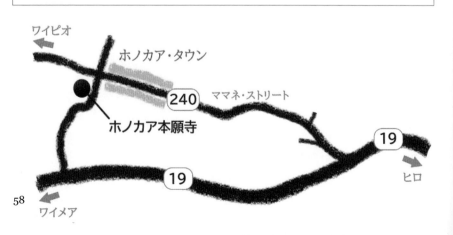

内陣側面の色彩彫刻された欄間ものぞきこんでみよう

コハラ、カムエラ、パアウイロの各本願寺と兼務をしているブルース・ナカムラ先生の庫裏はここにある。メンバー数は、75人。

本堂建物の外には、「1904」と「1951」2つの年号が記されている。1904年は仮布教所での活動が始まった年で、この寺の設立年になる。1951年は、現在の本堂と庫裏を新築した年になる。

この寺の名前だが、設立の翌年に「ハマクア本願寺」名で寺院が完成し、さらに後になって「ホノカア本願寺」と改名している。

内陣背後の壁に親鸞聖人と蓮如上人の額が飾られているのは、本願寺様式。内陣内側の側面に彩色彫刻の欄間があるが、これは正面に立っていては見えないので、内陣間際まで近づいて見上げる形で眺めてほしい。雲と鳥の透かし彫りになっている。

内陣外側の欄間と宮殿には金箔が施されているが、本殿全体として大変シックな雰囲気を感じる。それは、内陣背後の壁に装飾がないことと、内陣の柱や外陣の窓枠・木製の長椅子がすべて暗い焦げ茶色に統一されているからだろう。

本堂外廊下の庫裏側に吊された喚鐘は、明治38年（1905）のもので、「ハマクア」本願寺として寺院が完成した年のものになる。

カーテンの奥には元ホノヒナ本願寺の仏壇が安置されている

木製の落ち着いた色合いの仏壇

　納骨堂は本堂左側の別棟にあり、その左隣がソーシャル・ホールになっている。そのさらに左、寺の売店に続く小道を挟んで道場がある。
　1970年に完成したソーシャル・ホールは、小学校の体育館に近い広さを持つ。ステージ奥のカーテンを開けると、木製の落ち着いた色合いの仏

壇が現れる。赤・緑・黒に彩色された須弥壇と前卓は、漆塗りの古いもの。ご本尊の阿弥陀様の宮殿は、小ぶりだが立派なつくりをしている。元ホノヒナ本願寺の解体に伴い、1969年に購入した仏壇である。その翌年のソーシャル・ホール建設がホノカア本願寺創立65周年の記念事業の一つであったことから、あらかじめステージにホノヒナ本願寺の仏壇を備える計画であったと思われる。ステージ上部の欄間も元ホノヒナ本願寺から購入したものである。

　集会や趣味の会に使われているこのソーシャル・ホールでは、花祭り等の仏教行事も行なわれる。そのときに鳴らされる喚鐘が、本堂とは別にここにもある。こちらの鐘は、大正9（1920）年に寄進されたもので、「佐藤味法師代」と記されている。佐藤味法師はホノヒナ本願寺初代駐在開教使で、大正9年時もホノヒナに駐在していた。

　後藤潤に関わる情報を得たかった筆者は、ナカムラ先生着任以前に、この寺を3回訪れていた。

　当時は、インターネットで「後藤潤」と検索してもほとんどヒットせず、有益な情報に乏しかったからだ。その際に得た情報は、後藤潤の法要を営むのはこの寺であること。彼を歴史に葬ってはいけないと立ち上がったボランティアたちが、1994年から毎年の法要のために尽力していること。ホノカアの町外れに、1994年に建てられた後藤潤記念碑があること。ただ彼の墓は、ハマクア浄土院にあることなどであった。

　ナカムラ先生は、2019年にコナ本願寺から当寺に着任した。後藤潤に関する資料として、ナカムラ先生が保管している1冊の冊子『ストレンジ・ケース・オブ・カツ・ゴトウ』を見せてもらった。37ページの薄いものではあるが、彼が殺害されるに至るまでの背景から実行犯たちの経歴、裁判に関する記述が記載されている貴重な資料であった。本願寺信徒の間では、彼は「菩薩」＝「無我の人」の扱いであると先生は言う。後藤潤に関しては、ハマクア浄土院の項で詳しく述べることにしたい。

大師信仰が盛んなりし時代の

7.ホノカア金福寺（跡）ー廃寺ー
Honokaa Kinpukuji

【宗派】真言宗
【住所】45-3438 Mamane St. Honokaa, HI 96727
(DMS) 20° 04' 41.3" N 155° 27' 50.7" W
【設立】1918 年　【現在の建物】1918（1927）年建設
【閉鎖年】2005 年

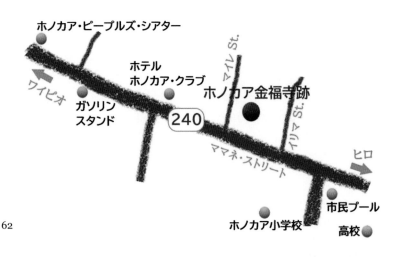

ホノカアの通り沿いにある学校と道を挟んだほぼ向かい側に、緑色をした建物がある。元ホノカアのお大師さん金福寺だが、閉じられてから 10 年ほど経つという（ホノム遍照寺のクラーク・全久・ワタナベ先生談）。確かな記録がないため、判然としないそうだ。

パアウイロ金剛寺に安置されている金福寺ご本尊

『真言宗ハワイ開教百周年記念』誌によると、広島県備後出身の則信密法師が、僧籍はなかったがホノカアで早くから信徒に推され、仮布教所を構えたのが始まりで、1918 年に「金剛山金福寺」として本堂が完成している。

ホノカア地方敬老会・主催金福寺教団 1949.3.20

今は Attorney at Law（法律事務所）の私有地内にあり建物の形は残っているが、裏側の窓はすべて板が打ちつけられている。

この寺の本尊は、現在、パアウイロ金剛寺に移されている。古い時代の写真や寺にあった仏具等は、同じくパアウイロ金剛寺のソーシャル・ホールに飾られているので、そちらで見ることができる。

日本人キャンプの生活がしのばれる

8. ククイハエレ大師堂 (跡) ―廃寺―
Kukuihaele Shingon Mission

【宗派】真言宗
【住所】48 Kukuihaele Rd. Honokaa, HI 96727
(DMS) 20° 07' 03.7" N 155° 34' 33.6" W
【設立年】不明 【建設年】不明

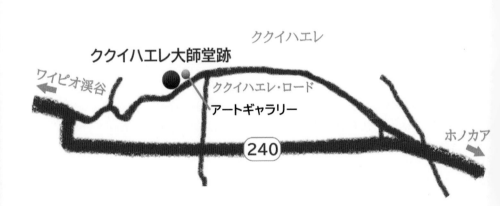

ホノカアからワイピオ渓谷に向かう 240 号の途中に、「ククイハエレ右」の矢印が出てくる。その道に入って進むと右にアートショップがあり、大師堂はそれに続く芝生の奥にある。

　この崩れかけた大師堂を含む 4 エーカーの土地は、レスさんの私有地になっている。この一帯は、かつて 50 ～ 80 人の日本人移民キャンプが点在していた地域である。

　正面バルコニーの床を突き破って成長した木が天井まで伸び、本堂に上がる階段はすでになく、戸が外れ、ガラスは破れている。私有地だから当然なかには入れないが、それ以前に危険すぎて立ち入れない。

　外から内陣の欄間とおぼしきものが見える。それは松に鳳凰の柄のようだが、よくはわからない。床下に残されたままになっている杵を、レスさんが取り出してきて見せてくれた。同じ物が 5 つあるそうだ。この地域に多くの日本人信徒が暮らし、宗教行事や餅つき等の季節行事が行なわれていた時代の証明である。

　残念ながら、ここが閉じられた年も金福寺と同様、はっきりわからない。この寺の名は、筆者が確認した書籍類（すべて真言宗ハワイ別院発行）には登場しない。おそらく、正式な僧侶を迎えないまま活動を終えた民衆的信仰の寺であったのだろう。

　日本にいたときからお大師さんの熱心な信者であった移民たちは、耕地での苦しい労働の日々にお大師さんの加護を願い、大師講を組織した。信心に頼り慰められた彼らは、貧しいなかから寄付を寄せ合ってお堂を建てていく。耕地単位で成立していった、指導者のいない信仰には問題も生まれるが、移民たちの大きな心の慰めになったわけである。

　しかし、一帯のプランテーション会社の閉鎖にともなって、1960 年代後半から日本人・日系人の流出が始まるので、その時期から会衆が激減し寺を守る人もいなくなったと想像される。

　寺歴のはっきりしない寺だが、ハワイ島をくまなく歩き『布哇一覧』を著した武居熱血の地図によると、1914 年時点のククイハエレに大師堂は見つからない。それから推測するに、お堂が建ったのは 1915 年以降ということになる。

往時、多くの信仰を集めた内陣跡

　右に隣接した土地に、風呂場のコンクリート基礎部分だけが残っている。これは、武居熱血の地図上で「風呂・洗濯所」と記入されている。ククイハエレ近隣の日本人キャンプの地図にも同様の記載があるので、キャンプの共同施設だったようだ。大師堂の廃屋と同様、たくさんの日本人移民の生活が確かにここにあったことを示す跡である。

　ククイハエレに日系移民が多く住むようになったのは、官約移民が始まって以降である。しかし、それ以前にひとりの日本人がここに住んでいた。佐藤徳次郎という元年者である。当時すでに、彼はタロイモ栽培で身を起こし、現地女性と結婚をして家族を持っていた。ハワイ語に通じていたため、耕地労働者の日本人を助けることも多かったようである。
　徳次郎は東京・京橋の畳町に生まれ育ち、17歳頃にハワイに渡った。畳町というのは、そこに住む人々の職業から江戸時代につけられた町名であるから、職人としての技を徳次郎は身につけていたと想像される。彼がククイハエレに建てた家は、曾孫のアリスさん（P189参照）によると、130年を経た今も現存しているそうだ。筆者は確認していないのが残念である。

ハセガワ・ストア

現在のハセガワ・ビル　　　　1937年のハセガワ・ビル（長谷川とし子氏所蔵）

　ホノカアの中心を貫くママネ・ストリートの山側に位置する。映画『ホノカア・ボーイ』で倍賞千恵子演じるビーさんが住んでいたのは、ハセガワ・ストアの2階になる。この建物は、ストアの経営者、長谷川清四郎が所有するビルであった。全体が緑系に塗装されており、そこに「S.HASEGAWA LTD.1937」の白い文字が映える。

　長谷川清四郎は三重県神前（かんざき）（現・四日市市尾平町（おびら））から、1907年に19歳で単身移住をした。サトウキビ・プランテーションで半年働いた後、ホノカアの菓子店で職人として働くようになる。

　渡航前の彼は、神前で兄が経営する和菓子店の手伝いをしていた。その経験を活かしての転職だったかと想像される。やがて店舗の権利を譲渡された彼は、ハマクア・コーストのプランテーションを行商して事業を拡大。資金を貯めた清四郎は店舗の移転と拡大を重ね、ついには「20世紀初頭にハワイで建築された木造商業ビルの好例」と言われるビルを建てるまでになる。1937年に向かって左側が建てられ、2年後に右側と裏側が増築されている。2階の窓に注目すれば、そのあとがわかりやすい。

　彼の事業は同郷四日市から迎えた妻・タケノとの二人三脚であり、8人の子どもたちも店の経営を助けることになる。

ホノカア日本人墓地

三界万霊碑

ホノカア・タウンから、ワイピオへ進む。マイルマーカー2の左手に、15～20m幅で急斜面にしがみつくように墓石の立ち並ぶ墓地がある。

日当たりが悪く、蚊に悩まされながら斜面を登ると、斜面の上から霧のような雨が降りてくる。樹木と草の怖ろしい侵食力に言葉が出ない。

この墓地も広島、山口、福岡出身が多いことがわかる。入り口近くには、大正9（1920）年に建てられた「故労働同盟会会計森川……」の墓。雇用条件や環境の改善を求めて、この時代すでに移民労働者たちが同盟組織を立ち上げていたようだ。

斜面の中段に「三界万霊」の碑がある。右側面の金属のプレートに「UKUCHI KURAMITSU」と建立者名が刻まれているが、正しくは「UKICHI KURAMITSU」（倉光卯吉）である。日付は1941年7月28日とあるから、真珠湾攻撃の数か月前である。

彼はホノカアのママネ・ストリートにあったホノカア・ガレージのオーナーであり、1918年から1950年代頃までガレージとガソリンスタンドを営業していた。ホノカア・ピープルズ・シアターに向かって左隣。現在は、ホノカア・マーケット・プレイスとなっているが、ヘリテージ・センターによると往時の姿をほぼ維持しているという。

卯吉はまた、後藤澗（P77参照）の墓建設にもかかわっている。ハマクア浄土院にあった、もともとの後藤澗の墓は劣化が激しかった。澗の姪にあたる嘉屋文子さんの依頼を受けて、1966年に再建の中心になったのが彼である。

三界万霊碑のさらにその上には、下からは見えないが下の2倍相当の広さの墓地がある。傾き、倒れ、割れている墓石や、植物に侵食され

旧ホノカア・ガレージ（右側）

上段の墓地風景

ている墓石も多い。古くは、「明治34（1901）年7月」「明治39（1906）年1月」「明治41（1908）年1月」等、20世紀初頭の墓碑がある。

何年前になるか、初めて前を通りかかったときは「こんなところに墓地がある」と驚いた。草木の侵食によって今よりもっと狭く、奥行きもなかった。

しかし、アキコさんたちの「第4日曜コミュニティ墓地管理プロジェクト」によって、草も木も取り払われて墓地が姿を現した。アキコさんたちは除草作業のほかに、おそらく墓石を掘り出したり、倒れた墓石を起こしたり、または、大きく育って邪魔をしている大木を切ったりしたのだろう。墓地が生き返っている。

※（「第4日曜コミュニティ墓地管理プロジェクト」については、P104参照）。

9. ハマクア浄土院 (ハマクア仏教会堂)

Hamakua Jodo Mission

【宗派】浄土宗
【住所】44-2947 Kalopa Rd, Honokaa, HI 96727
(DMS) 20° 03' 55.4" N 155° 26' 24.9" W
【開教使（兼務）】ワジラ・ワンサ先生
【設立】1896 年　【現在の建物】1918 年建設　【メンバー数】31 人

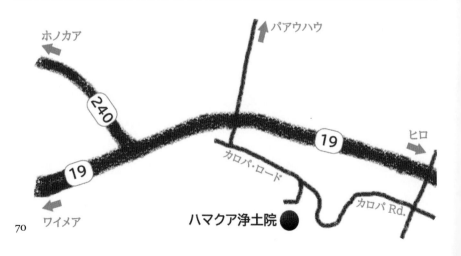

コナ方面から来た場合、19号線をホノカアから南下して町並みが途切れたところで右のカロパ・ロードに入る。すぐに左折して、後は道なりに行けばまもなく右にハマクア浄土ミッションの看板が出てくる。地味で小さめなので、見落とさないように。

　反対にヒロ方面から19号を北上してくる場合は、マイルマーカー40を過ぎて2つめの交差点を左折、パパレレ・ロードに入り、1つめの交差点を右折してカロパ・ロードに入ることになる。くねくね道だが車線のある方を選んで信じて進もう。しかし、目印になる寺の看板はホノカアに向いて付いているので、見つけるのは困難だろう。やはり、ホノカアからのアクセスをお薦めする。

　周辺は丈高い植物が生い茂っている。かつてのプランテーション耕地が広がるエリアだから野生化したサトウキビのように見えるが、じつはこれ、ケーングラスという別物。繁殖力が強い厄介者だが、飼料にはなるらしい。

　この寺は幹線道路沿いにないので見つけるのが難しく、初めて訪れたときは、地元の人が書いてくれた地図を頼りにやっと到着できた。周辺に民家もなく心細くなった頃に、すばらしい日本建築の寺院が現れたときの感動は今も印象的だ。

　庭に建つ胸像は、初代開教使の岡部学応師である。民家を借りて布教を始めた岡部師は、1896年に現在地に仏教会堂を建立した。これがハマクア浄土院の始まりになる。現在の本堂は1918年に建てられたが、設立時の建物はキッチンを備えたソーシャル・ホールに改造されて今も本堂の左に残されている。

　岡部師は、浄土宗2

設立時（1896年）の本堂・現ソーシャル・ホール

人目の開教使としてハワイ島に派遣された人である。岡部師の前に、長野県から布教に来ていた開教使がいたのだが、長野からの移民数は少ないため思うように布教が進まず帰国している。一方、岡部師は移民の多い山口県大島郡の出身であったから、布教と同時に寺院建築の寄付も集まりやすかったようである。

ハマクア浄土院はハワイ州で最初の浄土宗寺院であるだけでなく、各宗派を通じてハワイ初の日本仏教寺院だった。そして現在は、ハワイにおいて完全な形で残る最後の日本式建築の寺院であると言われている。

建物は改修を重ねて、100年を過ぎた今も由緒ある美しい姿を見せている。切妻屋根、高床式の本堂、本堂から庫裏へと続く回廊等、伝統的な日本様式が見事だ。本堂の基本構造には釘が使用されていない。日本で宮大工をしていた移民の田中梅吉が監督し、300人近い人を使って建てられたというのも頷ける。梅吉の墓は、寺の裏斜面に広がる墓地にある。

境内はいつ訪れてもきれいに整備されている。2019年春は、屋根の葺き替え工事が終わり、剥がしたトタンがモンキーポットの大木の下に重ねられていたが、冬に訪れたときにはそれもかたづけられていた。葺き替え工事は、ハワイ史跡保存協会の復原方針に従い、往時と同じ資材・建築手法で行なったという。

本堂の階段を上がると三方を廊下が囲んでいる。そこに掛けられた喚鐘は1898年のものである。銅本来の色ではなく、灰白色をしている。これは銅の上からペンキが塗られているからで、近づいて見ると緑青が浮いているのに気づく。

本堂内は一見、大変質素な印象を受ける。金色を使った派手な調度品が少ないためだろう。内陣の柱・欄間・床、宮殿、須弥壇、前卓と、すべて島の木「コア」を使っている。きらびやかさはないがどっしりとして、すばらしいものだ。太いコアの木は今では貴重なので、寺の財産であり島の誇りでもあろう。コアの木は堅くて丈夫だ。民芸品として加工もされてきたが、島内ではもう手に入らなくなった。ジャングルの奥地に入れば多少は生えていると言う人もいたが、土産物等に利用されているのは東南アジアからの輸入アカシアだ。

コア材の欄間と仏壇。どちらも1世の手づくり

この浄土院に使われているコア材は大変太い。たとえば縦1m横2mはありそうな欄間2枚が合板でないのは、内陣の内側から覗き見れば一目瞭然である。その欄間も祭壇も、田中梅吉や檜垣栄槌ら1世たちの手づくりである。移民たちが心のよりどころとして、いかに寺へ寄せる思いが強かったかを示している。

ちなみに、ご本尊は初代・岡部師が日本から持ってきたものと伝えられている。

担当の開教使はワジラ・ワンサ先生だが、常駐はしていない。

他寺を訪問したときだが、ハマクア浄土院には常時お寺の管理ボランティアをしている人がいるから、行く機会があったら会うとよいとアドバイス

カツ・ゴトウの遺影を持つニシモリ氏

された。この寺のメンバーは70代後半以上の年齢で人数もごくわずかになっているが、日常の管理を中心に行なっているのがマサヨシ・ニシモリさんだ。ところが何度訪れても無人だった。彼は朝と夕刻の涼しい時間帯にやって来るようで、やっと彼に会えたのは5回目の訪問の時だった。

本堂裏の墓地で除草作業中だった彼は、道具をその場に置いて手を洗うと、斜面を下って本堂に向かった。本堂前の木から白い花を摘み取って、筆者（はつこ）の髪に挿してくれた。1935年生まれの日系3世の彼は、「私はアメリカ人だから、アメリカ風にマサと呼んでくれ」と言う。

本堂の入り口は、戸は閉めてあっても鍵がかかっていない。賽銭箱を壊して盗まれたことがあるそうだが、悪さをすれば仏罰が当たるのだから24時間鍵はかけずに誰にでも開放している、と言う。マサは日本語がほぼ話せないが、「バチガアタル」と日本語で言った。神様が見ているから悪いことをしたらバチがあたる、と教えてくれたのは彼のお母さんだったそうだ。

本堂の祭壇裏から取り出してくれたのは、B5版サイズの後藤潤の遺影だった。黒いリボンが掛けられ額に入っている。口ひげをおいた洋装の潤は堂々として、また若々しい。27歳で亡くなったのだから若くて当然、むしろ若年にしては熟成した風情をただよわせていると表現した方が正確だろう。

「カツは神奈川県から来て、英語力を駆使して日系移民の労働条件改善のために尽力した。ゼネラル・ストアを営み、繁盛した。それが白人有力者の反感を買い、殺されて電柱につるされた。その話を、学校では一度も教わったことがないが、お母さんから何度も聞かされた」「オカアサン　イッタ　カツ　カワイソウ　カワイソウ」と、マサ。

潤が死んだのは1889年であり、マサのお母さんはまだ生まれていなかっただろう。彼女は自分の両親から聞いた話をマサにも話して聞かせたことになる。

後藤潤の墓は、本堂裏の斜面になった墓地にある。傾斜の中程に白い大理石で立っているので見つけやすい。墓はここにあるけれど、法要はホノカア本願寺で行なわれている。メンバーが少なくなり、しかも高齢者ばかりの現状では法要を勤めるのは困難であろう。

マサは、「いつまで続くかわからないが、こうやって奉仕をしている」と言う。56年間寄り添った妻のミチコさんが3年前に亡くなり、家にいてもつまらないからここに来る、とも。「サビシイケンノ」日本の方言が、飛び出す。バチガアタル、カワイソウ、サビシイケン……、マサがお母さんから引き継いだ言葉は、やさしくて誠実な日系人の精神を表す言葉だった。

さて、マサが見せてくれたカツの遺影だが、ご本尊の裏手に飾られていた。遺影の後背には南無阿弥陀仏の軸が掛かり、蝋燭立てや香炉等の仏具が添えられている。遺影の左右は納骨堂である。ブルース・ナカムラ先生が、「カツは、信者の間では菩薩様の扱いである」と言った言葉を思いだし、納得した。

墓地は、斜面の下から上に向かって順番に、セクションA、B、C、Dと区分されている。全部で312基の墓石が並ぶ。

カツの墓は、セクションA－73。墓石の表に「後藤潤之墓」と大きく記されている。また、「明

嘉屋さんにより再建されたカツの墓

内陣右脇にあるカツ・ゴトウの遺影

治二十二年十月二十八日没」と「在布哇国日本人有志者建」の文字もある。下部に小さなプレートが付けられていて、そこには「一九六六年六月再建立者在日本広島市　嘉屋<ruby>文子<rt>ふみこ</rt></ruby>」とある。嘉屋さんはハワイ島生まれで、潤の戸籍上の姪になる（嘉屋文子さんについては、P80 参照）。

　田中梅吉の墓は、セクションD－282。妻・ワノと一つの墓石で建っている。墓標から、彼が福岡県八女郡の出身であるとわかる。

　この寺でもボン・ダンスは開かれるが、太鼓は他寺から借りるそうだ。夏になると島内各地のボン・ダンス開催日が一覧表になって各寺に張り出される。日本の盆踊りのようにお盆の数日に集中していないから、太鼓の貸し借りは可能である。

　マサは別れ際、「今度来るときは、わしの嫁さんを連れて来てくれ」と冗談を言うので大笑いになってサヨナラをした。ずっと見送ってくれた。

　2019 から 20 年にかけての冬、庫裏の改修をしていた。近くレンタルをされるそうで、そのための作業だった。由緒あるお寺にレンタル部屋とはそぐわないようだが、これも寺運営のための資金になる。寺が生き残っていくための、プロジェクトのひとつなのだ。

カツ・ゴトウ（後藤潤）

　1862（文久 2）年、現神奈川県大磯町に、小早川家の長男として生まれた。幼い頃から学業優秀で村役場に勤めていたが、後藤家の養子になって移民に応募した。後藤夫妻はまだ 30 代であった。23 歳の潤が養子になったのは、長男である彼が移民募集に応募するための手段だったのではないかと推測される。

　日本からハワイへの集団出稼ぎは明治元年から始まっているが、元年の場合は江戸幕府がハワイ王国と結んだ契約であったため、スタートしたばかりの明治政府の許可が下りなかった。そこで、仲介人ベン・リードなる人物の見切り発車で出港したのが、元年の出稼ぎであった。元年者と呼ばれる人たちである。国策としての正式な移民は、明治 18（1885）年の第 1 回ハワイ移民からになる。その第 1 回移民でハワイ王国に渡ったのは、946 人。23 歳の後藤潤がそのなかにいた。

　当時のハワイは、サトウキビ・プランテーションでの働き手をほしがっていた。日本以外に中国、フィリピン、ポルトガルからも出稼ぎ労働者が渡ったが、現地で支払われる給料には出身国によって差があった。

　雇い主であるアメリカ人はポルトガル人を優遇し、プランテーションの労働管理をさせて給料も多く支払った。しかし、アジアからの労働者、特に日本人とフィリピン人は低賃金であった。経営者によっては待遇や給料が多少よいプランテーションもあったらしいが、多くの日本人労働者は過酷な条件のもとで働かされていた。元年者から 18 年後の第 1 回官約移民たちを待ち受けていたのは、そんな現実であった。

　雇い主たちが望んだのは、重労働にも低賃金にも文句を言わず黙々と働く人間だった。また労働条件以外でも、白人からの人種的差別を受ける状況があった。後藤潤は、そんな時代にハワイの土を踏んだのだ。

　ホノルル（オアフ島）到着後、後藤夫妻はカウアイ島へ、潤はハワイ島

のサトウキビ耕地へと別れた。

渡航前から、潤は英語が話せたようだ。横浜で外国人から習得したという説もあるが、理由ははっきりしない。ともかく、その後の彼の活動からみて、英語を使いこなしたのは間違いないところである。

彼は3年の労働契約が終了する前に、日本にいる弟の関次郎をサンフランシスコの学校に留学させている。契約期間が終わると、島の北東部に位置するホノカアの町で雑貨店を開いた。耕地労働者の身で大金を貯めていたとは考えられないから、開業には多額の借金をしたのだろう。しかし、勤勉で商才もあったらしく、店は繁盛をする。日本人客はもちろん、白人もハワイアンも来店するようになっていった。

地位と権力を持つ白人から差別を受けても、彼は不屈の向上心を持って生きようとしたのだ。

さて、事件は1889（明治22）年、10月28日深夜に起きた。後藤潤が暗殺され、死体が電柱に吊り下げられたのである。

『29日午前6時、日本人小売店経営者K・ゴトウは、ホノカア刑務所から100ヤードほど離れた電柱に宙づりになっているのが発見された。2インチのロープは殺害目的で購入されたものと思われる。手足が縛られ、左耳下に首つりの結び目が施されていたことからも、あきらかに手慣れた者の犯行である……』

当時ホノルルで発行されていた『デイリー・パシフィック』紙の10月31日号に、事件が報道された。ハワイ島に生活する日本人を震え上がらせる大事件であったと推察される。

その後、5人の白人が逮捕送検される。主犯ミルズは、潤の雑貨店の隣で同じく雑貨店を開いていた人物だ。ミルズは、店舗経営者と同時にプランテーション耕地の所有者でもあり、言わば土地の権力者だった。

一方、潤は、プランテーション労働者のための商店経営を精力的にこなし、顧客を増やしていた。隣で、しかも同業の雑貨店を経営するミルズにとって、潤は商売仇になったわけだ。

日本人出稼ぎ人の給与や環境の改善を求めて、プランテーション経営者に掛け合うことをいとわない潤は、彼の英語力を頼ってくる日本人たちの

ために、経営者に対しての交渉に乗り出していく。耕地所有者としてのミルズにとっても、これまた邪魔な人物であったわけだ。

潤の暗殺は耕作地で起きた火事が、直接の引き金になっている。

1889年10月19日、あるプランテーション耕地で火事が発生した。潤が殺される10日前である。この耕地の出稼ぎ人たちは、無給での残業を強いられていた。プランテーション経営者は、労働に不満を持つ者による放火と判断し、7人の日本人に嫌疑をかけた。捜査官はその7人から事情聴取するために、通訳として潤を召喚する。

ところが、このときの潤の態度にプランテーション経営者が腹を立てたという。どんな態度を潤がとったのかは筆者の想像になるが、労働者の肩を持ち労働環境を非難したのではなかろうか。

経営者側は、容疑者とされた7人が20ドルずつの弁償金を払うことで決着をつけ、容赦する。しかし、月7ドルほどの賃金しかない労働者にとって、20ドルもの大金はとうてい払える額ではなかった。そこで彼らは、潤に相談をする。

事件当日の夜、7人の居留地に出かけて相談を受けた潤は、話し合いを終えて帰路についた。その道で潤は絞首され、見せしめのごとく電柱に吊り下げられたのである。「逆らうな、さもないとひどい目に遭うぞ」という、耕地労働者へのメッセージを込められて。享年27歳、誠に無念な死であった。

潤の墓は、彼が暮らしたホノカアにはなく、ハマクアの浄土院にある。当時ハマクアでは浄土宗の布教が始まっていたが、ホノカアにはどの宗派の布教活動もまだなかった。そのため墓は、隣町のハマクアにつくられたのだ。

ハマクア浄土院の墓地には現在、崩れた小さな墓石と並んで、嘉屋文子さんというハワイ島生まれの女性が再建した白い大理石の墓石が立っている。嘉屋さんは潤の戸籍上の姪にあたる。潤が亡くなった後に彼の店を継いだ弟（関次郎）の養女である。

一方、ホノカアではカツ・ゴトウの顕彰会を立ち上げ、ホノカア本願寺で法要会が執り行なわれている。また、ホノカアの町外れには、潤の祈念碑も建てられた。3本の柱に支えられた日本瓦の屋根に守られている。潤

新鮮な供花が絶えないカツ・ゴトウ祈念碑

が営んだ商店にほど近く、彼が最期をむかえた場所とは数メートルしか離れていないらしい。碑のつくりといい場所といい、日系人の思いが込められているようだ。

　嘉屋文子さんについて、かんたんに紹介しておこう。
　潤が営んでいた店は実弟・小早川関次郎が引き継いでいたが、そこで働いていたのが嘉屋さんの両親だった。
　嘉屋さんは1914年ハワイ島に生まれた。両親は彼女が幼い頃に亡くなったため、関次郎夫妻が嘉屋さんを養女に迎える。後に彼女は関次郎夫妻と広島へ渡り、その後、医師として働いていたときに原爆に遭う。その体験から、嘉屋さんは日米交流基金を創設して、毎年ハワイの学生を広島に招いた。医学博士であった嘉屋さんには、後藤潤や原爆等に関わる著作も多い。著書『後藤潤のこと』（1986年・渓水社）のなかで、養父・小早川関次郎を次のようにふれている。
　「父は潤の事件について、私に一言も話さなかった。あまりに残念な事件であったため、口にできなかったらしい。私も子どもに話すことはできないだろう。いかに残念であったか、その気持ちを私の養育のなかに折りたたみ、一生を終えた」。嘉屋さんが潤の墓を再建した思いの一端であろうか。2004年没。

サトウキビ耕地と海を見下ろす

10. パアウイロ本願寺

Paauilo Hongwanji Mission

【宗派】浄土真宗本願寺派
【住所】43-1477 Hauola Rd, Paauilo, HI 96776
(DMS) 20° 02' 28.3" N 155° 22' 24.2" W
【開教使（兼務）】ブルース・ナカムラ（仲村）先生
【設立】1913 年
【現在の建物】1952 年建設、1973 年改築 【メンバー数】25 人

ハマクア・コースト

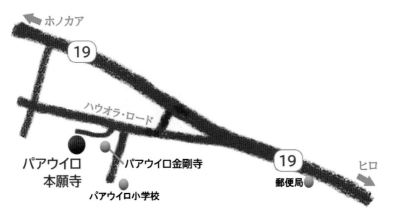

← ホノカア

19

ハウオラ・ロード

パアウイロ
本願寺

パアウイロ金剛寺

パアウイロ小学校

19

郵便局

ヒロ →

プランテーションの発展とともにヒロ鉄道（ハワイ統合鉄道）がヒロからハカラウ間の運行を開始したのが1911年であった。1913年には鉄路はヒロからパアウイロまで伸び、パアウイロでの日本人プランテーション労働者が急増した。彼らは寺院の建設を望み、設立したのがこの寺だった。

　長方形をした現在の建物は、1952年に東に海を見おろす地に建てられた。その当時は、東側（写真で、本願寺の紋章が見える側）に入口があり、インド西洋風のファサードになっていた。1973年の改築によってファサードが取り払われて切妻屋根となり、入口は北側の現在の位置に移された。昔の入口を示す石の階段跡が、今は壁になった東側に残されている。本堂入り口にある喚鐘は大正6年（1917）のもの。

　縦長の建物内は木製のアコーディオンカーテンで仕切られ、本堂とソーシャル・ホールとに分かれている。面積はソーシャル・ホールの方がやや広い。外陣も内陣も本願寺としてはとても簡素。金色に輝くご本尊が安置された宮殿は、これも本願寺派では小さめだ。長椅子が2列に並んだ参拝者席は、100人分ほどだろうか。

　本堂の北にある墓地には、180基ぐらいの墓石が西向き、つまり日本を向いて建てられている。墓地は地面が波打った状態で、墓石の多くが傾いている。上に載っていた石が落ちたのか外されたのか、土台部分に置かれているのも目につく。土台石が大きくひび割れているのもある。地震によるダメージだそうだ。

うねる土台と傾く墓石

　お勤めがない日に行くと、本堂周辺にも墓地にも人の気配がなく、降り注ぐまぶしい光のなかを風が通り過ぎる音しか聞こえない。海側の

参拝者一人ひとりが焼香し、さい銭箱に1ドルほどを喜捨してから信徒席に座る

下り斜面は、かつて大勢の日系人が働いたサトウキビ耕地の跡だ。サトウキビ産業の衰退とともに日系人が減っていき、現在のメンバー数は25人になっている。姿をもたない風だけが動く敷地に立つと、寺の運営の厳しさを感じずにはいられない。

　ところが一転。正月にはこの静かな寺に人々が集まり、華やいでじつに和気あいあい、そしてまさにハワイ島らしいサービス（お勤め）風景を見ることになる。

　2020年1月1日、10時。本殿入り口でラッキーナンバーをもらって入ると、幼児も含めた100人ほどが参集していた。そのなかに、まったくの日本人顔は10人いるだろうか。ほとんどが白人かアジア系アメリカンだ。年末年始の休みで本土から帰郷した家族が多いようで、内陣前で記念写真を撮る大家族もいる。

　この日の内陣は、正月の祝福ムードに溢れていた。前卓には日本酒「月桂冠」の一升瓶。手前にはたくさんの花が飾られ、斜め切りの門松まである。本願寺では本来、門松は置かないはずだから、日系メンバーが手づくりしたものをそっと供えていったのだろう。それを受け入れる寛容さを見る思いになった。

喚鐘を鳴らして散会する

メンバーの手で喚鐘が鳴らされると、とたんに堂内に静粛が生まれる。ナカムラ先生に合わせてナマアンダブツを唱和。先生が唱える「Gassho To Amida」はとてもいい声だ。焼香の後、先生の説教。のっけから笑いで始まり、正月のカドマツ、ニシメ、マキズシ、コブマキ、オゾウニ、モチツキの由来や現代の様子。そこから浄土真宗の教えにつなげ、「アリガトウ」と「オカゲサマデ」の心を説く。干支のネズミから新しい年へと話を結び、笑いで終わった。つぎに登壇した理事長も参拝者を笑わせ、「アリガト」で話を締めくくった。

最後はラッキーナンバーの発表。1ドル札の入った封筒（空袋もあり）や、雑貨、米等が当たる。発表のたびに歓声が上がるが、一番盛り上がったのは仏様に供えられていた鏡餅だった。筆者が当たったのは空袋とチョコレートだった。

日系と言えど、日本語を解さないか単語程度しか話せない。先祖に日本人がいたというだけのアメリカ人たちなのに、正月の日本文化を受け継いでいる。寺の正月サービスは、ハワイ島に浸透した「日本」をより強く感じられる機会と言えそうだ。

サービスが終わると、一人ずつ喚鐘を鳴らして散会した。

四国八十八ヶ所めぐりができる

11. パアウイロ金剛寺
（パアウイロ法栄山金剛寺）
Paauilo Kongoji Mission

【宗派】高野山真言宗

【住所】43-1461 Hauola Rd, Paauilo, HI 96776

（DMS）20°02' 27.1" N 155°22' 22.3" W

【開教師（兼務）】クラーク・全久・ワタナベ（渡邊）先生

【設立】1926 年　【現在の建物】1938 年建設、1966 年大修理。

【メンバー数】毎月お勤めに来る人は 6 人

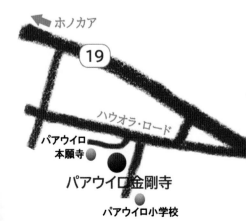

← ホノカア

⑲

ハウオラ・ロード

パアウイロ
本願寺 ●

パアウイロ金剛寺 ●

パアウイロ小学校 ●

⑲

郵便局 ●

ヒロ →

ハマクア・コースト

出してもらった棟札（右）と銘板（左）

　本寺は、パアウイロ本願寺の南に隣接している。

　海側から12段の階段を上がると、一対の灯籠が迎えてくれる。右の灯籠には「昭和三年」、左には算用数字で「1928」と記されている。

　筆者が持っている資料によると、前庭に据えられた溶岩製の手水鉢は1915年製だという。しかし、鉢のどこにも刻字はない。そこでこの寺の開教師クラーク・全久（ぜんきゅう）・ワタナベ先生にたずねてみると、「1915年とは考えられない。この寺が建ったのが1926年であるし、初代開教師の古藤（ことう）先生が1915年当時はホノムにいらっしゃらなかったから。よそから持ってきたものかもしれないが……」との回答だった。この寺の歴史を記録した文書は残っていないそうだ。戦争で焼失したのかもわからないが、元からなかったのかもしれないとのこと。

　また同じ資料には、手水鉢の横に植えられた木を「高野山の松」だとしている。ところが、どう見ても松ではない。葉が槙と似ているから高野槙ではないかと先生に問うと、「私は高野山で修行中にたくさんの高野槙を見てきたが、これは高野槙ではない」と断言された。

　元の金剛寺は現在地よりも海側、現在の車修理店の後ろ辺りに「高野山真言宗法栄山金剛寺」として完成したそうだ。1938年に現在地に新築移転している。

　本堂の階段には、そう古くはないペンキで「はきものを　ぬぎませう」と書かれている。「せう」とは古いが、日系1世2世の年代なら当然使っただろう。

　本堂内にはパイプ椅子が56脚並べられ、内陣手前の右壁の高い位置には歴代開教師の写真が掲げられている。

芝先生が柔道教室を始めた1935年当時は、
道場がなく、寺院の庭で指導していた

四国八十八ヶ所

　地味な色合いの内陣に、護摩壇・鉢・太鼓等、多くの仏具が並ぶ。欄間の下に紋入りの幕がかかり、その中央の持ち上げられたところに干支の切り絵額が掲げられている。「これは、しめ縄の代わりで、神聖な場所を表す」そうだ。幕の奥にご本尊がうかがえる。

　その左に、現在は廃寺となったホノカア金福寺のご本尊が置かれている。

　宮殿と欄間は、日本の伝統的技術を持った大工さんの仕事だ。銘板を見せてもらうと、「内陣制作者　棟梁　小林鐵蔵　三十才　／　大工　岡山新一」とあった。棟札にも同じ名前の記述があるので、宮殿と欄間だけではなく、お堂全体も建てたのだとわかる。

　本堂の下はソーシャル・ホールになっている。本堂とL字型につながる建物はキッチン。2階は庫裏になっているが、ワタナベ先生はここではなくホノム遍照寺に住んでいる。

　建物の後ろに、2代目開教師の芝覚雄先生が設立した柔道場がある。日本人・日系人以外は入門を断るのが普通の時代に、芝先生は差別をせずに誰でも受け入れたという。今は専門の指導者がおらず、子どもが少ないこともあって、道場として機能していない。餅つきのとき等に開放して、遊び場になるそうだ。その芝先生の息子さんが、この寺の現理事長を務めている。

　特徴というべきは、寺の設立から3年後に設けられた四国八十八ヶ所めぐりだ。本堂の裏手、登り斜面の上につくられている。3段の階段状に並

ハマクア・コースト

カドマツを飾るワタナベ先生

ぶコンクリートの祠のなかに、10〜15cmの仏像が1体ずつ納められている。しかし、空の祠も目につく。「子どもの悪戯か、観光客が記念に持ち帰ったかわからない」そうだ。たまに、お参りをする人がいるようで、25セント硬貨が供えられていることがあるという。

　以下、先生の話になる。

・毎月のお勤めに来る人は6人くらいだが、加持祈祷には年会費2ドルを払っていない人でも他宗派の人でも、誰が来てもよいからもっと多くの人が集まる。昔からハワイの真言宗では差別をしないという考えであり、これは弘法大師の慈悲に通じる。

・この寺では、正月行事のカドマツは笹と松の枝を束ねただけのものを飾っている。斜め切りのカドマツが人気になったのは1980年代からで、笹と松のカドマツはプランテーション時代の名残だろうか。日本らしい正月をしたくて、1世が始めたのではないか。私（先生）はこの形のカドマツを飾る習慣を大切にしたい。また、正月用の鏡餅や小餅の注文を受け、餅つきをしている。寺のキッチンのかまどで薪を焚いて米を蒸し、2〜3人で同時に杵を打つ。1人で打たないのは、この辺りでは普通。「餅を搗いたら、すぐに農園へ仕事に行った」と言っていた人がいたから、プランテーションで働く人々には時間がなくて、短時間化のために数人で杵を打ったのだと思う。

・初護摩サービスの折等に食事が振る舞われる。ニシメ（煮しめ）等の日本料理が用意され、アメリカ人なのに日本風伝統を守っている。

・プランテーション時代の労働者にとって、寺は宗教であり娯楽の場でもあった。たとえば、お勤めの後に映画上映等もしていた。

・医師がいなかった時代は、真言宗僧侶は話術で病人を安心させた。真言宗僧侶の役割の1つと言えよう。

・真言宗が他宗と違うのは、契約労働者として働いた後に弘法大師への信仰心から僧になった人が多い点である。

12. ラウパホエホエ浄土院 (跡) ―廃寺―
(ラウパホエホエ浄土宗教会堂)
Laupahoehoe Jodo Mission

【宗派】浄土宗
【住所】36-1006 Laupahoehoe Point Rd, Laupahoehoe, HI 96764
（DMS）19° 59' 23.6" N 155° 14' 36.9" W
【設立】1899 年　【現在の建物】1909 年建設、1930 年大改築
【閉鎖年】1999 年 12 月 21 日

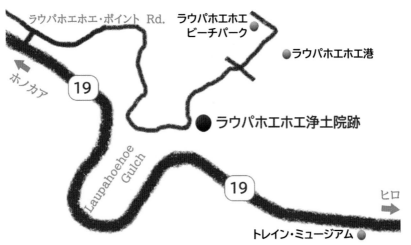

ハマクア・コースト

２階・本堂内陣跡

大正８年の門柱（かつての正門）

　19号のマイルマーカー27、「ラウパホエホエ・ポイント」の標識に従って海側へと下る。森のなかを通る狭くてでこぼこした急勾配を時速15マイルでゆっくり進むと、寺の名を記した看板が右に現れる。

　すぐ先のラウパホエホエ・ポイントは、1946年の大津波によってコミュニティのすべてがのみ込まれた場所である。日系人を含む121人もの命と家と学校までも破壊され、奪い去られた。そのラウパホエホエ・ポイントへ下りる少し手前にあるこの廃寺は、うっそうとした木々に囲まれていて日当たりがよいとは言えない。

　看板には寺名の下に「1899 ～ 2000」と年号が添えられているが、ラウパホエホエ浄土院が寺の使命を終えたのは1999年が正しい。2000年は、現在の所有者であるアメリカ人夫婦のロンさんとロウアネさんが建物を購入した年である。

　1899年、ここに建てられた教会堂は、1907年まで浄土宗のハワイ開教本部として機能していた。

　第２次大戦中、この寺の開教使であった太田邦雄師は強制収容をされた後に本土に渡ったため、一時期寺は閉じられた。1970年代後半に修復作業が行なわれ、再びの繁栄を願うことになるが、設立からちょうど100年目には廃寺となってしまった寺だ。

　１階部分は住居スペースに改修されているが、床、壁、窓、天井はオリ

ジナル。2階には
本堂のオリジナル
部分が残されてい
る。石の外階段を
上がると一対の門
柱が立っていて、
「大正八年」と「浄
土宗教會堂」の
文字が刻まれてい
る。

　そこから、内陣
外陣を含む部屋は
目の前にある。教

3階建てだった20世紀初頭の教会堂（ロウアネさん提供）

会堂の雰囲気を残す仏具はもうないが、内陣跡の柱はオリジナルだ。正面
のくぼみは主祭壇跡だが、ご本尊は今ヒロ明照院の本堂に安置されている。
ロンさん夫婦は、仏具等が一切なくなったこの空間を瞑想の場所に利用し、
B&B経営をしている。

　喚鐘も今はない。ラウパホエホエ浄土院は戦中戦後に一度閉じられたが、
復興を記念して1983年に喚鐘が献納された。しかし、わずか16年後に廃
寺となったため、喚鐘はご本尊とともにヒロ明照院に預けられた。大改築
の折の棟札2枚も明照院に保管されている。

　日本語学校の跡地がベランダから見えるが、崩れた石積みがあるだけだ。
どの向きにどんな形で建っていたのか、想像するのは困難である。

　ロンさんとロウアネさんがここに住む理由は、「とても美しい、歴史の
ある建物だから」とのこと。でも、雨漏りしたり傾いたりで補修は大変だっ
たそうだ。

　上記の写真で、馬が通っている道は、今でこそ草におおわれた山道だが、
20世紀初頭はパパアロアへ通じる街道だった。ラウパホエホエ駅もこの
道を上がったところにあった。3階建ての教会堂を新築（1909年）した頃
には鉄道が開通し、ラウパホエホエ港は使われなくなった。

コラム

ラウパホエホエ・ポイント・ビーチパークの祈念碑

　1946年4月1日の大津波により、授業前に遊んでいた子ども16人、教員4人、教員の妻と3人の子どもを含む計24人が犠牲となった。その翌年、近郊の住民とパパアロア本願寺の泉覚性師らによって建立されたのが、かつてのラウパホエホエ港側に建つ白い石碑である。

　石碑には、津波で命を落とした24名の氏名と年齢が刻まれている。そのなかには明らかに日系人と思われる名前が14名確認できる。

　津波の高さは13mを超え、半島の形状を変えてしまったという。ラウパホエホエはハワイで最初の非居住地区に指定され、住民は高台に移転した。その後、集落跡は公園として整備された。

　この津波により、ヒロとパアウイロをつないでいたヒロ鉄道（ハワイ統合鉄道）も線路が壊滅的な損傷を受け、最終的に閉鎖された。ハマクア・コーストを走る19号線は、この鉄道跡を利用して建設されたという。

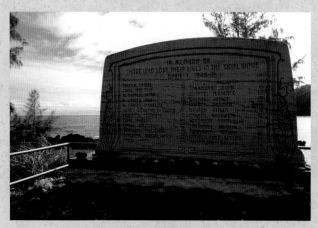

津波が襲来した海を背に建つ祈念碑

日本仏教の盛衰を物語る

13. パパアロア本願寺

Papaaloa Hongwanji Mission

【宗派】浄土真宗本願寺派
【住所】35-2026 Old Mamalahoa Hwy. Papaaloa, HI 96780
（DMS）19° 58' 34.4" N　155° 13' 07.3" W
【開教使（兼務）】川越真慈先生
【設立】1902 年
【現在の建物】1902 年建設、1915 年大規模な修理、1945 ～ 1951 年大改造
【メンバー数】30 人弱

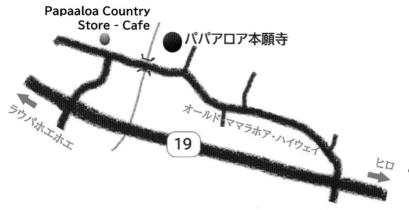

ハマクア・コースト

耕地労働者の信心の集結、輝く内陣

パパアロアを、土地の人は「パパロア」と発音するようだが、ここではパパアロアとする。

パパアロア本願寺は、19号線と併走して、海側を通るオールド・ママラホア・ハイウェイ沿いにある。ヒロから行く場合は、19号線を北上してマイルマーカー24を右折し直進すると右にある。あるいは、マイルマーカー24「パパアロア右」と標識の出た交差点を過ぎたところで右折し、道を下る。パパアロア・カントリーストア・アンド・カフェを右折して小さな橋を渡れば左にある。

19号線とはほんの数十メートルしか離れていないのに静か。いつ行っても門前に数台の車が停まっているのに人の姿はなく、ひっそりとしている。寺の前に停車しているのは、パパアロア・カントリーストア・アンド・カフェ（郵便局も入っている）に来る人の駐車場として貸しているからだ。

寺に隣接して、崩壊寸前の倉庫跡がある。これは、かつて移民労働者たちが働いた元ラウパホエホエ・シュガー・カンパニーの施設の一部である。プランテーション全盛期の活動的な姿はもうない。衰退と年月の経過を具現化するようなこの廃屋の姿が、ハワイ島における日本仏教の盛衰に重なると言ったら過言だろうか。

1902年に落慶法要したパパアロア本願寺は、ハマクア・コースト北部ではハマクア浄土院、ラウパホエホエ浄土院に次ぐ最も初期の寺院であり、本願寺としては最初の寺院であった。それでも官約移民が始まってから17年後となる。第2次大戦中の1941年から1945年は開教使が米軍によって抑留されたため、信徒が庫裏に居住して寺院の世話をした。

現在の開教使は、すらりとした長身の川越真慈先生。響きのよい声の持ち主なので、読経はさぞかしと思う。パパイコウ本願寺を主務に、ここと

ホノム、ホノヒナの本願寺を兼務している。

　本堂は、阿弥陀仏を中心に親鸞聖人・蓮如上人を右左に配する本願寺形式。並んでいる長椅子は、つめれば80人は座れるだろう。内陣の上に花をかたどった金色の欄間があり、その下部に御簾が巻き上げられている。宮殿の左右の壁がベニヤ板風なので質素だが、輝く宮殿の存在感は強い。

　敷地が斜面になっているので、それを利用して本堂下がソーシャル・ホールになっている。本堂の左につながるのはカンファレンス・ルーム（会議室）で、その1階がキッチンになっている。この建物は、1980年代前半まではさらに上階に開教使の庫裏がある3階建てだった。

　ソーシャル・ホールとキッチンの間は素通しになっていて、2階のカンファレンス・ルームの下をくぐる形で裏庭に通じる。そこは芝生広場の駐車場になっている。

　ソーシャル・ホールのステージがおもしろい。舞台奥の壁を布がおおっているのだが、その布に絵が描かれている。農村歌舞伎の背景画のような、ふすまを開放しきった5部屋が奥へ奥へと続く絵である。遠近法を用いているので、小さなステージに奥行きが演出されている。

　ホールの壁に、ダニエル・イノウエのポスターが数枚貼られている。赤白黒の3色だけのデザイン化されたもので、円のなかに「ドン」「イノウエ」の文字が印象的だ。

　2015年、この寺の鐘にまつわる事件が起きている。喚鐘が盗まれたのだ。大正8(1919)年製の歴史ある銅製の鐘であった。なくなっていることに最初に気づいたのは、川越先生だった。すぐにメンバーたちにたずねたが、鐘が消えていることに誰も気づいていなかったそうだ。鐘はその後、パパイコウとホノムの間、ペペエケオの道路脇で無事な姿で発見された。草むらに転がった状態で捨てられていたという。以来、この喚鐘

無事戻った喚鐘

本堂正面入口右側の石碑

は鎖と鍵で守られている。

　本堂正面入口の左右に石碑がある。右側の黒い石碑はカペフ、パパアロア、オオカラで埋葬された先人たちの合同慰霊碑である。これに関しては、『官約日本移民布哇渡航50年記念誌』（日布時事社1935年）に掲載された第1・2回の官約移民（1885年）で50年後もハワイに現存している62名の略伝と回想が参考になる。そこには、寺がなかった時代の葬儀は、仲間が経を唱える程度の簡素なもので、墓標は時間とともに消え去り土と化していったという記述があるのだ。つまり、そんな先人たちを慰霊する碑が、この合同慰霊碑である。

　島内各地の寺は、上記のような状況のなかで建てられてきた。パパアロア本願寺も同様で、移民たちの悲願の設立であった。ところが現在、ほかの寺との合併が模索されている。寺に来る人の数を考えた上で、決断を迫られているそうだ。2020年のボン・ダンスがコロナ禍の影響で中止になれば、最後のボン・ダンスが行なわれないまま、終了となる可能性が高い。

「プランテーション・ハウス型」初期寺院の典型

14. ホノヒナ本願寺
（ホノヒナ本願寺ニノーレ布教所）
Honohina Hongwanji Mission

ハマクア・コースト

【宗派】浄土真宗本願寺派
【住所】32-896 Mamalahoa Hwy, Ninole, HI 96733
（DMS）19° 56' 09.0" N 155° 09' 57.2" W
【開教使（兼務）】川越真慈先生
【設立】1899 年　【現在の建物】1927 年建設　【メンバー数】22 〜 23 人

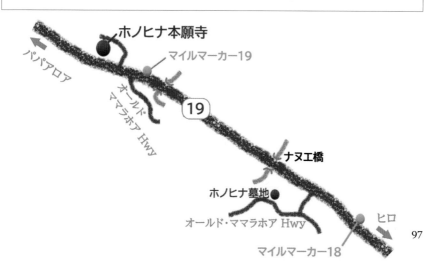

壁に埋め込まれた内陣は初期寺院の典型

　19 号線沿いに建っているが、いったん脇道に入って回らないと到着できない。ヒロから北上すると、マイルマーカー 19 を過ぎて右カーブ手前で右折。道なりに左折する。

　パパイコウ本願寺の川越真慈先生が兼務する寺で、メンバー数は 22 〜 23 人。

　緑に囲まれ整然と管理されたこの寺は、大変小さいけれど印象的な外観をもっている。深緑と白を基調に塗装され、本堂正面の外廊下に置かれたベンチと本堂の扉は黒、屋根は錆赤。とてもセンスがよい。新鮮な印象を受けるのは塗装のせいだろうか。緑と白は、プランテーションの家で使用されていたのと同じ色だそうだ。

　屋根は、これもまた塗装されたトタンで覆われている。本堂と半地下になったソーシャル・ホールからなる、全体的に非常にシンプルな構造は、一見かわいい民家のようだ。看板や下がり藤の家紋、テラスの鐘を見逃すと、寺院だと気づかないだろう。敷地が狭いので庭も狭いが、手入れは行き届いている。メンバーの熱心な奉仕の成果だ。

　ご本尊と金属製の仏具は日本製だが、宮殿や前卓等の木製品と建物全体はメンバーたちによる手づくりである。何と、この宮殿はサンキスト・オ

レンジの木箱を利用して製作されている。その知恵と技術に感服するばかりだ。

階下のソーシャル・ホール

　ソーシャル・ホールの入口は、本堂の外を右に回った建物の側面にある。背の低い入口だ。ホール内には、寺の沿革を写真入りで紹介するパネルが展示されている。メンバー手づくりのこのパネルに、「（長身の）川越真慈師は１階のソーシャル・ホールに入るために頭をかがめる必要があります」という愉快な一文がある。

　旧ホノヒナ本願寺は、ここから離れた現ホノヒナ墓地の隣にあった。また、それとは別にホノヒナ本願寺ニノーレ布教所が1927年に建設された。ところが、砂糖産業の衰退に伴い、1969年に旧ホノヒナ本願寺は閉鎖・解体されてしまう。そこで、メンバーの強い願いによりニノーレ布教所が格上げされてホノヒナ本願寺になる。それが現在のこの寺である。上述のサンキスト・オレンジの宮殿は、このときにメンバーの手によって製作された。旧ホノヒナ本願寺にあった仏壇とご本尊は、ホノカア本願寺に移された。

　ボン・ダンスは、８月の最終土曜日に本堂前の非常に狭い芝生広場で開催される。本来は駐車場として使っている広場だが、当日はここが会場になる。狭いので櫓は置けないから、竹を１本立てて中心とし、その周りを踊る。竹と、周囲の木やテントとにロープが張られ、そこに下げた提灯が彩りとムードを盛り上げる。踊りは古典的なものからモダンなものまで様々だが、周辺のボン・ダンスのなかでホノヒナが一番好きという声をヒロに住む日本人から聞いたことがある。狭いだけに人々の密着度が高く、皆が一緒に楽しむ一体感を味わえるらしい。

ホノヒナ墓地

階段を上がると歴史を物語る墓石が待っている

ヒロ方面からはマイルマーカー18を過ぎてすぐ左折、山側に登り右折。オールド・ママラホア・ハイウェイに入ると、右側に石段と「HONOHINA CEMETERY」と書かれた看板が見えてくる。

藪のなかにひっそりとたたずむこの墓地は、ホノヒナ本願寺のメンバーと地元の人たちによる草刈り等の清掃活動によって維持されている。

墓石には白いペンキで128までナンバリングされており、ナンバリングされていない墓石を合わせると、150基ほど。石ころと思ってしまう墓石、車のハンドルサイズの平たい石が寝かされている墓石、風雨と時間に刻字をすっかり消されてしまった墓石、崖へ崩れかけている墓石等も見られるが、全体的にはホノヒナ本願寺と同様、かなりきれいに管理されている。お盆には墓地での法要も行なわれる。

旧ホノヒナ本願寺はこの墓地の上の丘にあったというから、道を挟んだ山側にあったと思われる。ホノヒナ布教所がホノム本願寺から独立した頃には、ホノヒナ・キャンプだけでも約300人の日本人が居住していたようだが、砂糖会社が操業を停止すると町も消滅。今ではジャングルと化し、かつての繁栄を想像することすらできない。しかし、ホノヒナ本願寺の歴史は、20世紀初頭の砂糖産業全盛期に、プランテーションで働く日系移民とお寺が密接につながって、コミュニティを形成していたことを如実に示している。

インド西洋風寺院の好例・ハワイ州歴史登録財

15. ハカラウ浄土院

Hakalau Jodo Mission

【宗派】浄土宗
【住所】29-2271 Old Mamalahoa Hwy, Hakalau, HI 96710
（DMS）19° 53' 47.4" N 155° 07' 37.9" W
【開教使（兼務）】宮崎潤心先生
【設立】1904 年　【現在の建物】1936 年建設

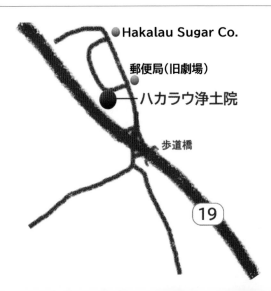

ハマクア・コースト

ハマクア・コースト一帯は、サトウキビ・プランテーションで特に賑わった地域である。日本からの移民労働者数が多かったので、仏教寺院も集中している。

　ハカラウ地区での浄土宗は、1904 年にサトウキビ・プランテーション内のパン屋の一室を借りて日本語学校を開校したときから始まる。

　生徒数は 50 人だった。急いで 2 階建ての教会堂を建設、階上を布教所、階下を教室とした。現本堂が建立されたのは 1936 年になる。その頃には、日本語学校の生徒数は 300 人に増えている。

　ところが、プランテーションが閉鎖（1974 年）されると人々は仕事を求めて流出し、ハカラウ地区は過疎化する。耕地労働者を信徒とする寺院に共通することだが、この寺も寺勢を失っていく。盛時には 300 人もいたメンバーも、今はその 1 割にも満たない数に減少しているようである。しかも皆、70 代以上の高齢だという。

　開教使はヒロ明照院の宮崎潤心先生で、ここことカーチスタウン浄土院を兼務している。庫裏はレンタルされていて、今は日本人が借りている。寺が庫裏を貸し出すのは一般的で、寺の収入と管理のためのようだ。

　本堂は、外観も内部も洋風。長椅子だけでも 200 人は座れそうな広い外陣には、天井からミニ・シャンデリアが下がり、窓は薄黄色とブルーのステンドグラスになっている。

　内陣と外陣を隔てる欄間部分は通常の様式と違い、曲線とタマネギ型を模したインド風のアーチが取り入れられている。

　須弥壇と宮殿は立派で、左右に大型の灯籠が置かれているが、天井から下がる金色の飾り（幢幡）等はない。内陣全体としての印象はさっぱりとして簡素だ。本堂全体としては、西洋と日本とインドの要素が混在するハワイ仏教寺院の独特な味がある。

　内陣の左右は位牌堂になっていて、右の位牌堂の壁には歴代開教使の写真がある。

　本堂に向かって左の庭に、かつては日本語学校があった。今はコンクリート製の階段だけが残っている。

　この寺は、ハワイ州の歴史的建造物に指定されている。指定には、地

区に住むスーザンさんという白人女性の働きかけが大きかった。彼女は「Hakalauhome.com」というホームページを立ち上げ、ハカラウの過去から現在を見つめ、未来に向けてコミュニティとして果たすべき役割を提言・発信している。

インド風アーチ型デザインの内陣

元日本語学校の階段

また、「ワイレア村歴史保存コミュニティ」のアキコ・マスダさんと、ヒロのレストランのオーナーシェフをリタイアしたミヨさんが、月に2回ダイニング・ルームで「シニア・ランチ・プログラム」という無料の昼食会を開いている。平均年齢80歳という30〜50人が、昔話に花を咲かせ現在の状況を語り合い笑顔が絶えない場になっているそうだ。

これらの活動は、地域の人々がつながり、歴史あるものを守り残していこうとする、宗派を超えた助け合いである。

ソーシャル・ルームでは、週1回のヨガ教室や、2か月に1回程度地域の文化や歴史に関するプレゼンテーションが開かれている。ボン・ダンスも、雨天になったときにはここを使う。ボン・ダンスの練習は、日本のように盆の時期だけするのではなく年間通して行なわれている。ヒロには「月影踊り会」という会があり、「ボン・ダンスはトラディショナルでなくては」と言う人がいるくらい、ボン・ダンスは人気があるそうだ。

第4日曜コミュニティ墓地管理プロジェクト

2019年12月22日（日）、雨。

今日は、墓地管理活動に参加する予定。こんな天気でも墓地除草はあるんだろうか。アキコさんから連絡が来ないので中止ではないようだ。

約束の10時に、ワイレアにあるアキコさんのB&Bに到着。ワイレアは、ハカラウとは19号線を挟んだ隣町になる。

アキコさんはオアフ島ホノルル生まれの日系3世で、本土の大学で宗教と哲学の学士号を取得後、ハワイ大学でダンスの修士号も取得した。1985年からハワイ島に住み、ワイレアの町でAkiko's Buddhist B&Bをオープンした。

住人のほとんどが日系人だったワイレアは、砂糖産業の終焉とサトウキビ耕地の売却により町の様子が大きく変わる時期だった。プランテーション労働者の子どもたちはアメリカ本土かホノルルの大学に進学し、多くはハワイ島に戻ることはなかった。同時に本土からの移住者がこの地域に増えていくなか、彼女はプランテーション時代の価値観や古い文化が失われゆくことに危機感をいだいた。

2003年に、「Wailea Village Historic Preservation Community（ワイレア村歴史保存コミュニティ）」を設立した。これにより、コミュニティの人々にプランテーション時代の伝統文化や価値観を教え、コミュニティ全員に向けて餅つきを開催し、新旧ともの住人の交流を図っている。さらに2016年から開始したのが、墓地管理プロジェクトだった。先祖やコミュニティの古い人々を敬い、忘れ去られようとしている、あるいは放置された墓地の除草等のボランティア活動を開始した。

アキコさん宅では、黄色いレインコートを着て頭にはバンダナをきりりと巻いたアキコさんが、男性3人と出発準備を始めていた。4駆の荷台に草を刈るための道具や刈り取った草を集めるためのバケツ等を積み込んで

いる。オオカラに向かって出発した4駆の後を、レンタカーで追いかけた。

19号を北上してマイルマーカー30の地点が最初の目的地。走っているうちに雨は上がっていた。ほかの参加者もここに集合し、総勢十数名になった。毎月第4日曜に、オオカラからスタートして、ホノカア、ククイハエレの3つの墓地を除草してまわる。ハワイの植物は成長が速いので、放っておけばすぐに墓石を覆い隠してしまう。

アキコさんによると、寺のメンバーである日系人の高齢化により、墓地の世話をする人が減るばかりなので、こういう活動を始めたという。また、その子どもたちは都会やアメリカ本土に移住していき、墓地の世話をする若い人たちがいなくなったからでもあるらしい。

墓地掃除はいつも、墓地に入って作業をする許可を祖先にお願いするためにグループでお祈りをすることから始まる。手をつないで輪になり、目を瞑る。アキコさんが先祖や神にお祈りを捧げる。先祖やハワイの神に敬意を払い、この土地に入って作業する許可を得る儀式である。儀式が終わると墓地に散らばって作業を開始した。

下り斜面に広がるオオカラ墓地は、ケーングラスが旺盛に生い茂り背の高い樹木と蔓性植物に囲まれている。以前は墓地全部がジャングルに埋もれた状態だった。今は、刈り取られた場所にだけだが、古い墓石が姿を現している。4年にわたって毎月この活動を続けることでこの墓地は開かれていき、今では少なくとも60から80に及ぶ墓石が姿を見せているが、まだ草むらに埋もれている墓石がある。

斜面の下の方で草刈り機を使っていた人が、新しい墓石を見つけ出した。顔を出した石は大きく傾いている。一帯にはまだ、隠されたままの墓石があるのだろう。倒れた墓石を起こすのも彼らの手で行なわれる。

熊本出身者と、幼時・嬰児の墓が多い。多くは明治時代のものだが、大正5年の11月から12月にかけて7歳から1歳の子を続けて亡くしたとわかる墓もあった。

この日の参加者は、全員ハワイ島の住人だった。タナカさんというホノカアに住む人を除いては、タイ、フィリピン、オアフ島、そのほかのハワイの島々の出身者もいる。彼らは、「今ここに住んでいるのだから、コミュ

輪になり祈る　　　　　　　　墓石が草の中から現れた

ニティの責任として自主的に参加している」そうだ。地面に頬ずりするほ
ど屈み込んでケーングラスの根っこを抜くアキコさんは、質問に答えるあ
いだも手を休めない。

　宗派に関わらず墓地掃除をするのは、大地への愛と寛大さを持つハワイ
のロコ・スタイルだと言うアキコさん。

　彼女の夢をたずねると、「日本人に限らず移民の墓地が、土地開発から
保護される法律が整備されること」だと返ってきた。

　開発業者は、墓地の土地を買い取ると「遺骨を拾いに来てくれ」と小さ
な広告を出す。1か月後にはブルドーザーで墓石も何もかもひっくり返し、
整地して家が建ってしまう。すべての移民墓地を守るための法を整備する
ためには、書類や手続き等、何が必要かを弁護士にリサーチしてデータを
出しているところだそうだ。

　オオカラ墓地の場合、どこまで墓石が広がっているのか（どこに埋まっ
ているのか）まだわからない状態だ。しかし、1日で3つの墓地を回らな
くてはならない。作業を始めて2時間後、アキコさんたちはつぎの目的地
ホノカア墓地へと出発した。

　土地と文化が継承するものへの価値認識、祖先への敬意、コミュニティ
のつながり、大地と神への感謝の気持ちを大切にする彼女の、強い精神と
行動力にこそ敬意を表したい日になった。

外観は乙女チックだが……

16. ホノム遍照寺 （ホノムお仏師さん）

Honomu Henjoji Mission

【宗派】高野山真言宗

【住所】28-1668 Old Mamalahoa Hwy, Honomu, HI 96728

（DMS）19° 52' 09.6" N 155° 06' 46.6" W

【開教師】クラーク・全久・ワタナベ（渡邊）先生

【設立】1912 年（ホノム分教会所）、1920 年（ホノム遍照寺）

【現在の建物】1920 年建設、1952 年大改築

【メンバー数】毎月お勤めに来る人は 8 ～ 10 人

ハカラウ ← ● マイルマーカー13.5

220

19

● 郵便局

● ホノム遍照寺

● ホノム本願寺

アカカ滝 ← 220   ヒロ ↓

19号線からアカカの滝方面に向かう道に入り、突き当たりを左折すると、片側に100mほど店が並ぶ通りになる。店舗が途切れたところに、ホノム本願寺と隣り合って建つのがホノム遍照寺だ。

　外壁は薄いピンクベージュと白、赤茶に塗られた洋館風で、やや乙女チックな印象を受ける。寺院正面に、「HONOMU ODAISHISAN」と「HONOMU HENJOJI MISSION」が併記されている。小さく「光明山ホノム遍照寺」ともある。

　遍照寺の創建については、ホノム分教会所として発足した1912年説と、醍醐寺から山号をもらった1918年説、現在地に移転改築した1920年説の3つがあるそうだ。これには、「木谷問題」が関わっているという。

　1912年、木谷法観師は現ホノム郵便局の少し上に大師堂を発足したが、その後、いったん日本に帰ってしまう。1918年には、高木秀道師が山号をもらって光明山遍照寺となる。

　ところが、日本から再びハワイ島にやって来た木谷師は、本来の開教師は自分であると主張したらしい。しかし現在、木谷師の時代は本山の正式な歴史として記されていない。

　奇妙なことに、高木師の位牌には「ホノム大師堂創設　千九百十二年」と、木谷師による大師堂発足の年が記されている。この寺の初期の歴史は複雑だ。

　ともかく、1927年に真言宗布哇布教別院が発行した『創立満十周年に際して』には、「ある事情もあって、ホノム遍照寺はこの年（1920年）をもって創立の日とされている」と記されており、100周年記念行事が2020年10月実施という点から考えても、現在地に建てられた1920年説が正統な創建年とされているようだ。また公には、初代開教師は1918年からの高木師とされており、木谷師時代は寺歴から無視された形になっている。

　本堂入口から向かって左側のタワーへ階段を上ると2階には、スペースにそぐわない小さな喚鐘が吊られ、壁には棟札が掛かっている。喚鐘には「弘法大師一千百年記念」「昭和八年三月」と刻まれている。高野山真言宗の総本山・金剛峯寺では「弘法大師入定1100年御遠忌」が1934（昭和9）年に行なわれており、その前年に寄進されたものである。棟札は全体的

に黒ずんでいて読みづらいが、「光明山遍照寺主任開教師哲英発願」と記されており、加登田哲英師が1952年に本堂を大改築したときのものである。

現開教師はクラーク・全久・ワタナベ先生で、高野山真言宗ハワイ開教区のビショップ（総監）の任にあたっている。毎月のお勤めに来る人数は、8〜10人という。

1920年からのオリジナルである本堂は、20畳くらいの広さの外陣部分にパイプ椅子80脚が並ぶ。本堂の奥はワタナベ先生の庫裏、その下と左横はソーシャル・ホールになっている。

内陣内のつくりは真言宗独特のものだが、ヒロの法眼寺に比べて幅が狭いので大小の仏具が所狭しと並べられている。護摩壇を中心として、天井から下がる天蓋等は繊細な装飾が施され、天井が低いぶん圧倒的な威圧感を持つ。雲の模様を施した

護摩壇と内陣

流浪の「教区ご本尊」

仏天蓋は、宮殿がなければ本来は仏様の上にある天蓋だ。その手前にあるのは人天蓋。

1950年代に改築をした寺には、日本でつくった仏具が多いという。1ドル360円時代であり、高価で良質なものが安価で手に入ったからだそうだ。MADE IN OCCUPIED JAPAN（占領下の日本製）と刻印されたものも

あり、ホノム遍照寺にもそういう仏具が何点かある。内陣に向かって右側にある大型のリン「磬子」はその1つで、1950年に高野山へ参拝した記念に奉納されたものである。

　この寺で一番古い仏具は、花入れ（2）・蝋燭立て（2）・香炉（1）の5点で、大正10（1921）年製。これは山号を頂戴した年の翌年にあたるから、記念に制作されたのだろう。

　宮殿前の前卓は、波の上に龍が向き合う図で動きを感じさせる装飾が目をひく。これほど立派なものはホノルルにある曹洞宗別院とここのみらしい。欄間には、左右から向き合う龍のたくましい足と鋭い爪、うねる波と雲、そこに赤い炎が散る。じつに立体的な彫りで、龍の髭と角、左の龍の尾にある剣が、欄間の厚みを超えて外陣に飛び出している。これは1952年の京都製。

　内陣の左脇に、「真言宗ハワイ別院」のご本尊が鎮座している。ご本尊の弘法大師を真ん中に、向かって右に不動明王、左に准胝観音。この3体は、1917（大正6）年、オアフ島ホノルル市内に別院が建設されたときに、そこに奉安されたものである。ところが2004年、別院は高野山真言宗から離脱、別院の看板を下ろしてしまった。ハワイの寺院は、種々の決定や運営をメンバーによる理事会が担っているのだ。

　高野山真言宗はしかたなく、別院にあったご本尊をビショップ（総監）が管掌する寺へ遷座した。別院をホノルル市内に再建する動きもあったが実現されず、「教区ご本尊」は総監が代わるごとに移動することとなったのである。こうして、流浪となった教区ご本尊は、別院からオアフ島のホノルル弘法寺、ハワイ島のヒロ法眼寺、ホノム遍照寺へと移動を重ねてきた。この後、どうなるかは未定であるという。

　日本の仏教寺院が日系移民とともにハワイの地に舞い降りて100年を過ぎ、メンバーの高齢化や日本的家族型宗教の限界等、真言宗に限らず多くの寺院が厳しい状況に置かれている。生き残りをかけた分岐点にあることは確かだ。流浪の教区ご本尊は、このような日本仏教寺院の行く末を暗示しているかのようである。なお、高野山真言宗から離脱した元別院は、独立して「真言宗ハワイ」と称し、現在もホノルルのシェリダン街で活動を

初護摩法要

続けている。

　初護摩法要後、ソーシャル・ホールでランチをいただいた。料理は、マゼゴハン、オコワ、ニシメ、ナマス等々。ヤマモトさん、オカノさん、フジオカさん、ペレイヤさんたち婦人会の手づくりだった。見た目は日本と同じだが、味は筆者がつくるよりも美味しい。日本の昔の味が受け継がれてきたのだろう。このホールでは、4月の花祭りに四国八十八ヶ所の仏様を描いた絵を掛けて、八十八ヶ所めぐりとお砂踏み※が行なわれる。
※お砂踏みとは、四国八十八ケ所霊場各札所の「お砂」をそれぞれ集め、その「お砂」を札所と考えて「お砂」を踏みながらお参りすること。

　アカカ滝を見物する観光客は、往復に必ずホノムを通過することになる。数十年前まで周辺がサトウキビ耕地であったこと、そしてたくさんの日本人・日系人が働いていた町であることを、どの程度認識して通過していくのだろう。ましてや、目の前のお寺がサトウキビ耕地での労働者のために建てられた日本仏教の寺であることに、はたしてどれだけの日本人旅行者が感慨を持って眺めていくのか。

内陣天井の装飾に注目

17. ホノム本願寺

Honomu Hongwanji Mission

【宗派】浄土真宗本願寺派
【住所】28-1658 Government Main Rd. Honomu, HI 96728
（ＤＭＳ）19° 52' 08.0" N 155° 06' 44.5" W
【開教使（兼務）】川越真慈先生
【設立】1898 年　【現在の建物】1922 年建設　【メンバー数】59 人

ヒロから 19 号を北上しマイルマーカー 13.5 を左折すると、アカカ滝へ向かう道になる。坂道を登ると T 字路に突き当たるので、左折すれば真言宗遍照寺と並び合って建っている。ハマクア４寺（パパイコウ・ホノム・ホノヒナ・パパアロア各本願寺）を兼務する川越真慈先生の庫裏は、現在ここにある。エンタシスを思わせる正面の柱と、銀色のドームを頂くインド西洋風の建物。

　1898 年設立。翌年、現在地より南のペペエケオ寄りに建てられた寺院は 9.8 × 12m サイズだったという。大型バスが約 12 × 2.5m だから、およそ４台分の広さし

かつての隆盛を想起させる内陣

かない。1907 年現在地に移転し、３エーカーの土地を購入。現在の建物は 1922 年の建設になる。メンバー数は 59 人。

　建物を正面から見ると、前面中央に銀色のドームが輝く。これは鐘撞き堂であったが、そこへ上がる階段が老朽化して危険になったため、鐘は下ろされている。1908 年に寄付された鐘だ。本堂入口の右のドアを開けると、そこに鐘が収納されているらしい。残念ながら鍵がなく、確かめることはできなかった。

　本堂内部には 200 人弱が座れる椅子があり、上部がアーチ型になった窓が左右に５つずつ並んでいる。

　金箔を多用した内陣が明るい。内陣天井にも細かな装飾が施されており、豪華なつくりだ。内陣のものはすべて日本から運んだもの。ただし、右手のドアを開けた奥にある納骨堂の仏壇は、土地の人による手づくり。この仏壇が誰の手によるものかはわかっていない。日系の大工チャールズ・エ

「Honomu Sugar Company」の倉庫跡

ノキだとする資料はあるが、川越先生は認知していない。仏壇のあちこち
をのぞいて調べてくれたが、証明するものは見つからなかった。

　川越先生はメンバーから「複数人のメンバーが寺にある物を利用して製
作した」という話を幾度も聞いたそうだ。チャールズ・エノキが関わって
いたとしたら、彼を筆頭にメンバーたちの手で製作されたと考えるのが自
然であろう、と先生は言う。

　本堂の下はソーシャル・ホールになっている。

　40台停まれる駐車場の一画（隣接する遍照寺とは反対側）に、以前は
柔道場と日本語学校があったそうだが、今はもうない。

　ホノム本願寺の墓地はなく、納骨堂のみである。ハマクア4寺のなかで
納骨堂が実際に機能している（使用されている）のは、ここホノムとパパ
イコウだけだそうだ。

　ホノム共同墓地は、前の通りを少し進んだ先の右側にある。体育館の脇
を入った奥まった場所に200基ほどの墓石が並んでいるが、一部はジャン
グルにのみ込まれヤブ蚊が多い。

　寺を後にして19号に戻ると、目をひく大きくて古い建物が海側に現れ
る。歴史を感じるこの建物は、Honomu Sugar Company の倉庫跡である。
建物には「1920」と建設年が刻まれている。サトウキビの輸送方法が鉄道
に切り替わるとき、線路に隣接して建設された倉庫である。サトウキビ栽
培全盛期のエネルギーと日系人の苦難の労働が、確かにここにあったと実
感させる建物である。

広い敷地を海風が吹き抜ける

18. パパイコウ本願寺

Papaikou Hongwanji Mission

【宗派】浄土真宗本願寺派
【住所】27-378 Old Mamalahoa Hwy. Papaikou, HI 96781
(DMS) 19° 47' 31.4" N 155° 05' 38.5" W
【開教使】川越真慈先生
【設立】1909 年 【現在の建物】1955 年建設 【メンバー数】72 人

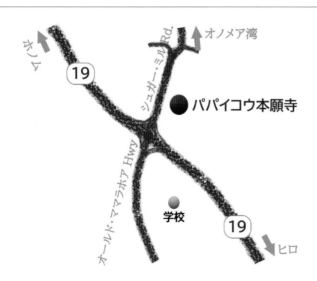

ホノム

ⒾⒾ 19

シュガー・ミル Rd.

↑ オノメア湾

● パパイコウ本願寺

オールド・マママラホア Hwy

● 学校

ⒾⒾ 19

↘ ヒロ

ヒロからホノカア方面に向かって 19 号線を北上し、マイルマーカー 7 を過ぎたところで海側に右折すれば、すぐ右にある。

　最初の寺は、1909 年にパパイコウの町の中心部（19 号を挟んで山側）に開創された。その後、本堂、本願寺学園校舎、庫裏、食堂等が建設される。純日本風だったという寺院と庫裏は、第 2 次世界大戦中の 1942 年に不審火によって焼失する。何ひとつ持ち出せなかったという。

　資料によっては、火災は 1944 年で本尊と仏具の一部は信徒宅に護られていた、と記述するものがある。第 2 次大戦中で開教使が米軍によって抑留されていた時期だから、信徒が本尊と仏具を自宅で保管していたというのもあり得る話だろう。

　1942 年には、ハワイ島南部カウ地区のパハラ本願寺も焼失している（翌年とする資料もある）。こちらも不審火による火災だった。真珠湾攻撃により反日感情が増大した時期であるから、放火ではないかと疑いたくなるが、メンバーは今になっても不審火だったとしか言わない。

　終戦後、3 万ドルの献金によって現在地に新寺院が完成したのは 1955 年だった。本堂の礎石には、1909 年と 1955 年の 2 つが刻まれている。

　ヒロ本願寺別院やプナ本願寺に比べれば、メンバー数はぐんと少ない（72 人）が、広い敷地面積（約 1800 坪）に施設がのびのびと配置されている。海に向かって下がる斜面に、道路側から本堂、庫裏、多目的ホールと続く。

　本堂の左につながる納骨堂は、テルオ・モリガキさんの寄付で建てられた。192 の納骨スペースのうち、埋まっているのは 30 ほどしかない。この寺に墓はなく、納骨堂への納骨には 300 ～ 500 ドルかかる。従って、より安価なアラエ、ホメラニの共同墓地や、退役軍人夫婦であればベテランズ・セメタリーを利用する人が多いようだ。

　本堂に入ると、宮殿や須弥壇のきらびやかさに目を奪われるが、近づいてみると内陣左右の壁に 4 枚ずつ配された襖絵にも驚かされる。右は鳳凰、左は孔雀が、それぞれに花や草木とともに描かれている。

　本堂の下層階は YBA（仏教青年会）ホール。ここは、150 人収容できる。本堂奥が庫裏で、その奥はキッチンになっている。川越先生の住まいはホノム本願寺にあり、こちらの庫裏は賃貸業者を介して人に貸している。以

上の施設が、L字型の一
つの建物になっている。

　キッチンのさらに奥
に別棟があり、そこは餅
つきをするための米を
蒸す部屋。スチーム器や
道具類は、マウイ島の
ホテルから持ってきた。
川越先生が兼務する4か
寺（パパイコウ・ホノヒ
ナ・ホノム・パパアロア）

内陣脇の襖絵が美しい

のうち、年末に餅つきをするのはこの寺だけになっている。餅つきにはメ
ンバーが家族や親戚も呼び、50〜60人が集まるという。

　これらの建物の右に広がる広場に、長方形をした大きな2棟がある。手
前は元日本語学校で、1980年代中頃までは日曜学校やボーイスカウトに
使われていた。今はバザー出品物の保管等に物置として使用されている。

　その背後に多目的ホールというさらに大きな建物がある。ソーシャル・
ホールとしての役目のほかに、結婚式のレセプションにレンタルしたり、
メリー・モナーク（ヒロで毎年開催されるフラの祭典）に出場する団体の
宿泊所になったりする。

　順序が後先するが、本堂に入ったすぐの壁に、エリソン・オニヅカ宇宙
飛行士の写真がある。アメリカ宇宙計画で初のアジア系宇宙飛行士になっ
たが、1986年のチャレンジャー号爆発事故で殉職した日系3世である。
マウナケアのオニヅカ・センターやエリソン・オニヅカ・コナ空港のほか
にも、小惑星や月のクレーター等に彼の名が冠されている。彼はハワイ島
西部のコナ生まれだから、パパイコウの人ではない。しかし、同じハワイ
島の日系人であることを誇りに思う人たちがいて、こうして飾られている
のだろう。

Hilo
ヒロ・ダウンタウン周辺

　島の北回りを走る19号と南回りを走る11号が出合う街、ヒロ。金色に輝くカメハメハ大王像が建つ大きな広場と目の前に迫るヒロ湾の一帯は、市民の憩いの場にもなっている。

　海にせり出した岬は、かつては椰子島とよばれ日本人町があった。日本仏教の寺や神社もあったが1960年の大津波で壊滅状態となり、今は日本庭園風のリリウオカラニ庭園とゴルフ場、ホテル等の一帯になっている。有名なスイサンの店がこの岬への入り口にあり、店先のテーブルでポケ丼を食べる人たちの姿でいつも賑わっている。スイサンは、2回の津波で椰子島の店を流されている。それなのに、創業の場所で営業を続けたいとの想いから、同じ場所に店舗を構えているそうだ。

　ダウンタウンでは常時ファーマーズ・マーケットが開かれ、20世紀初頭の面影を残す店舗も並ぶ。官公庁のほかに、ハワイ大学ヒロ校、太平洋津波博物館、ライマン博物館、イミロア天文学センター等の文化施設も多い。

　プランテーション全盛期、ハマクアやプナからサトウキビを満載した列車は港のあるヒロに到着した。人と商店で古くから賑わった街である。

　ここからは、ヒロのダウンタウンとそこに近い所にある寺院を紹介する。

19. ワイナク浄土院跡

20. ヒロ大正寺

22. ヒロ法眼寺

21. 本派本願寺ヒロ別院

23. ヒロ東本願寺

布哇日系人会館

24. ヒロ明照寺

2000

ヒロ大神宮

25. 日蓮宗ヒロ教会

19. ワイナク浄土院（跡）―廃寺―

Wainaku Jodo Mission

【宗派】浄土宗
【住所】418 Wainaku Ave, Hilo, HI 96720
(DMS) 19° 44' 08.0" N 155° 05' 30.9" W
【設立】1905 年　【現在の建物】1914 年建設、1927 年大改築
【閉鎖年】2005 年

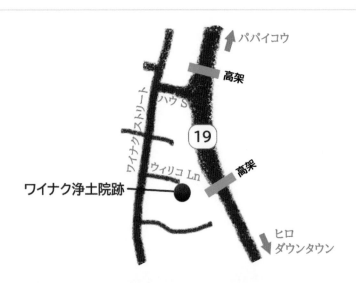

パパイコウ

高架

ハウ S

ワイナクストリート

19

高架

ウィリコ Ln

ワイナク浄土院跡

ヒロ
ダウンタウン

ワイナクには、多くの日本人労働者が働いていた。浄土宗信徒も多くいたことから、教会堂と学校の建設が望まれていた。そこでまず、信徒の住宅を借りて日本語学校を開校したのが1905（明治38）年だった。耕地の製糖会社から土地が寄付され、教会堂兼小学校が落成したのは同年10月である。

改修中の２階・本堂跡

　その後、現在地に土地を購入して、1914年に教会堂兼小学校が再建される。

　この教会堂は、1927年に大工・皆合助一郎によって大改築され、階下はＹＢＡホールとなった。

本堂隣の日本語学校教室跡

　廃寺となった現在、元は境内だったと思われるところに住宅が建ち、それ以外はジャングルになっている。おそらく、いつの時代かに敷地が切り売りされて家が建ったのだろう。古びて壊れかけた教会堂が、ジャングルの中に取り残されている。

　この遺構は、寺院と学校を一体化した「プランテーション・ハウス型」寺院の好例で、方形の３つの部屋が連結された構造になっている。単純な構造の「プランテーション・ハウス型」は、ハワイの初期寺院建築に見られるもので、恒久的な寺院を建設するゆとりがなかった初期移民時代に各宗派で用いられていた。日本の本山からの財政援助がないために、コミュニティで資金を捻出しなければならなかったことと、建設が簡単で費用が安いためであった。

また、初期移民時代の寺の重要な役割の1つとして、子どもたちの保育と教育があったため、寺内に幼稚園・小学校が併設されることが多かった。ワイナクも寺院と学校を1つの建物に収めている。

　ワイナク浄土院には、熱心な信徒であったエラさんという女性が何年か前まで住んでいたが、島外に出て行った後は放置されてきたそうだ。

　エラさんの父は、教会堂の大改築を行なった皆合助一郎である。

　寺としての働きを終えてからも彼女がここに住んだのは、浄土宗への帰依はもちろん、父が建てた寺であることも理由だったのではないかと考えられる。廃寺後も、元メンバーたちは年に1回ここに集まっていたという。エラさんは、寺を絆としたコミュニティの歴史を消したくない思いでいたのだろう。

　2019年の冬は、ケンさん兄弟が建物をリニューアル中だった。完成したらB & Bを始めるという。

　正面入口から上階へ上がると3室があり、中央の部屋に内陣跡が残っている。ここが本堂で、両隣の広々とした部屋は日本語学校の教室だった。内陣脇の窓から臨む海の眺望は美しいが、歩くと腐食した床がたわんで怖い。しかしそれも、ケンさんたちの手で丈夫に美しく生まれ変わる日は近い。

　階下に遺されていた品々を価値ある物かと、ケンさんに問われた。「昭和三年四月廿九日諒闇明新帝陛下天長節」「ワイナク浄土宗学校什物」と記された神棚だった。「1928年のシュラインだけど……」と、価値があるのかないのか返答にとまどった。それよりも、上階に残されていた「Wainaku Jodo Mission」と書かれた看板の方が魅力的だった。そのほかの、信徒席、机、キッチン用品等、どれもガラクタに近い物だった。寄付された物や価値ある物は、寺を閉じるときに、ほかの浄土寺に運び出されたはずだ。ご本尊と喚鐘はヒロ明照院に保管されている。建物裏手に、バスルームだったと思われる建物が残っている。

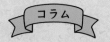

アラエ墓地と阿部三次

布哇日本人先亡慰霊碑

　1939（昭和14）年、ヒロのアラエ墓地内に建立された「布哇日本人先亡慰霊碑」は、阿部三次という日系人の発願によるものだ。

　阿部三次は1895年にコナで生まれた日系2世だが、日本からハワイへの官約移民が始まったのが1885年からなので、移民初期の2世になる。また、第1次世界大戦にアメリカで徴兵された、わずか400人弱の日系2世の1人でもある。

　11〜12歳の頃に家族でヒロに移り、現在のヒロ・ファーマーズ・マーケット付近で育つ。1916年にヒロ警察の巡査となり、後に日系人初の副署長にまで昇進した彼だが、勤務の傍ら大和座という映画館を譲り受け経営した。ほかにもハワイ島日本人野球連盟、ハワイ島相撲連盟、ハワイ島日系市民協会等の長も務めた。

1940年には、ハワイ州上院議員に立候補するが、当時の日米関係はすでに険悪で、彼は二重国籍であることを批判される。大新聞も阿部敗訴運動を展開したが、日本国籍を離脱して当選。日系人初の上院議員となる。

　しかし、1941年12月の日米開戦後、彼は危険人物と目される。1942年8月、彼を捜索した当局は、大和座で日本国旗を発見する。敵国の国旗を所持していた罪で逮捕、抑留。その後、無罪になってもなお「保護的監禁（抑留）」され、軍部の監視下に置かれた。

　議会に出席することが不可能となり、上院議員を辞職。「上院議員としての資格がないから辞表を提出するのではない。また米国市民として忠誠を欠くからでも決してない。市民および議会が外部から不当な攻撃を受けないよう保護したいからである」と、彼のコメントである。釈放されたのは1944年7月であった。

　戦後は大和座に戻った彼だが、1960年の津波でヒロ湾沿岸地域が壊滅し大和座も閉鎖となる。阿部はオアフ島に移り、そこで亡くなった。

　冒頭の「布哇日本人先亡慰霊碑」が建ったのは、阿部三次が上院議員になる前のことだ。ハワイ開拓者が無縁仏となり、荒んでいく古い墓地に心を痛めていた彼は、1938年に大和座で「勤続20周年墓地奉仕映画の夕べ」を開催する。そこで集まった1400ドルをもとに墓地整備期成会を結成、島内にある30の墓地の整備を目指した。そして翌年（1939）、4千数百ドルをかけて慰霊塔が建てられた。

　除幕式の場で阿部は、「ハワイの2世・3世が恵まれた生活をなし得るのは、われらのパイオニアが粉骨砕身してハワイの開拓に尽くしてくれた賜物に外ならない」と、慰霊の重要性を述べて喝采される。

　アメリカの教育を受けて成人した2世の手によって1世の慰霊塔が建立されたことは、参列した1世に感銘を与えたのみならず、誰の墓地ともわからなくなっていた、名もなき開拓者たちの霊も慰められたのだ。

ダウンタウンのなかの静寂

20. ヒロ大正寺

Hilo Taishoji Soto Mission

【宗派】曹洞宗
【住所】275 Kinoole St, Hilo, HI 96720
(DMS) 19° 43' 22.8" N 155° 05' 13.9" W
【開教師】 畑辰昇先生 【設立】1916年
【現在の建物】1918年建設 【メンバー数】約140ファミリー

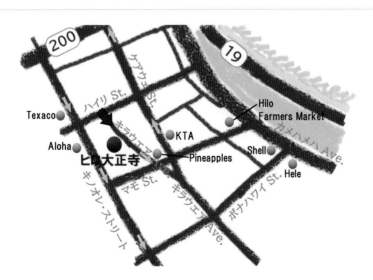

ヒロ中心部、一方通行制限のあるキラウエア通りにある。

メンバー数は、護持会費を払っている数でいうと約140ファミリー。白峰山という山号を持つ寺だ。ちなみにコナの大福寺（曹洞宗）の山号も同じく白峰山である。大福寺の白峰山はハワイ島が誇る2つの山の一つのマウナロア山、大正寺の白峰山はマウナケア山を表しているそうだ。

マウナケア山は標高4000mを超え、南国ハワイでありながら冬期に冠雪が見られ頂を白く輝かせる（スキーもできたそうだが、近年は降雪が少なくなっている）。涼やかで清廉なイメージの山号だ。開教師も清廉な人柄で、2015年に着任した畑辰昇先生。

本堂正面の幅広い階段の右脇、礎石部分に「維時大正七年二月十日起工」の文字が読める。現本堂が建立された年（1918）である。布教は1916年から始まっていたので、畑先生は着任翌年の2016年に100周年行事を行なっている。

1960年の大津波は、キラウエア通りを挟んだ海側にビルが建っていたため災難を免れた。本堂は増築・改築・メンテナンスがされてきたためか新しい建物に見えるが、ヒロのダウンタウンに現存する寺院のなかで最古のものになる。

本堂内は、内陣・外陣を中心に左右にそれぞれ観音堂とミーティングルームとが付随する。内陣と外陣の椅子席部分が創建時からのオリジナルになり、観音堂とミーティングルームは後の時代に増築されている。内陣の天井が非常に高く、ご本尊の釈迦牟尼仏像も大変高い位置にあるので、須弥壇の前に階段が設けられている。その階段や内陣の柱等に、金色を配した柱巻きが彩りを添える。

欄間の宝相華は多様な花の組み合わせになっていて、欄間全体が金色をしている。禅寺には珍しいきらびやかさだが、清々しく、またピシッと引き締まる雰囲気がある。それらは100周年に際して設置されたもので、土地の人たちは、このきらびやかさを喜んだそうだ。

観音堂には世界平和観音像、三十三観音像、そしてその隣に梅花観音像が安置されている。2月の涅槃会には堂内で西国三十三所めぐりが行なわれる。そのときには、三十三観音像は位牌堂からスタートする順路で配置

大正寺太鼓は日系の若者に人気がある

位牌堂の奥が修恩堂（納骨堂）

され、先生が先導し参加者全員でお砂踏みを行なう。砂は、日本へ一時帰国した先生やメンバーが持ち帰ったものだ。

位牌堂の位牌は、アルファベット順に整然と並べられている。戒名には、漢字が読めない家族のためにローマ字もつけられている。位牌堂に続く修恩堂が納骨堂になり、ここも大変きれいで清潔感がある。

本堂背後の階段を降りると地上レベルになる。そこがキッチンになっていて、さらに降りたところがソーシャル・ホールになっている。お勤めの後の食事会や映画鑑賞、演奏会がここで開かれたり、太鼓グループやボーイスカウトが利用したりする。大正寺太鼓の練習は週4回開かれ、30人ぐらいが参加している。パフォーマンスのクオリティの高さに定評がある。

毎月1回開く坐禅会には毎回12～13人の参加者がいるが、白人が6割を占めている。

「坐禅の参加者は自分自身の心を落ち着けるため、またはキリスト教とは違う仏教の考え方に興味を持たれて参加されている」と先生。

キリスト教では神がこの世を創りすべてが神の計らいとされるが、戦争や人の幸不幸等々、現世の理不尽と矛盾に悩む人たちがいる。仏教は、どのように自分を幸せにするかを説き、心のあり方でよりよくなれると教えている。禅は自身に向き合い、自分を変え、心を整えていくものである。そこに魅力を感じるのだろう。

建物を一巡してよくわかるのは、どこも心をこめて美しく保たれていることだ。これは畑先生の工夫と精進のおかげだが、メンバーのボランティ

アによるところも大きい。メンバーたちは4つのグループを組んで、シフト制で週1回の掃除をしてくれるという。

　納骨料と護持会費はおいくら？　こんな下世話な質問をどこの寺でも聞いて回ったが、大正寺は他宗派の4分の1、10分の1という格段の安値だった。敷地内の建物と駐車場をレンタルしているというから、その収入が関係しているのかもしれない。

　それにしても、信者を増やすのは開教師の使命である。この寺では工夫の1つとして、「安名親授式」という、仏様の名前を授ける式を年1回行なっている。その安名親授式を通して、仏教の教えを伝えるそうだ。安名といっしょに輪袈裟も授ける。また、1月の地蔵まつりを訪れたときには、本堂に常時設置しているプロジェクターを駆使して、お地蔵様の説明をしていた。「写真や絵等を見せわかりやすく仏教を伝えることによって、参加者とお寺との距離が縮まることを願っています」と先生。

　宗派を超えた連携としてはBIBF（ビッグアイランド仏教連盟）があり、7か寺（大正寺・本願寺ヒロ別院・パパイコウ本願寺・プナ本願寺・浄土宗明照院・ヒロ東本願寺・真言宗法眼寺）が年に数回、共同で行事に取り組んでいる。また、各お寺の僧侶が協力し合い定期的にケアホームへ訪問し法要を行なっている。

　大正寺では毎年年末に先生とメンバーがお正月に飾る門松を一からつくっている。松や竹はメンバー宅から手に入れる。12月31日には除夜の鐘を打つことができ毎年30〜50人が参加する。元日には、朝の10時から誰でも参加することのできる新年祈祷会が開催される。

　大正寺はダウンタウンに位置するお寺のため、不法侵入等の犯罪をさける用心から、終日お寺の扉は閉まっている。もし拝観を希望なら、ベルを押すか電話をして開けてもらおう。

般若心経を唱える畑先生

130年にわたる古い歴史を誇る

21. 本派本願寺ヒロ別院

Honpa Hongwanji Hilo Betsuin

【宗派】浄土真宗本願寺派
【住所】398 Kilauea Ave, Hilo, HI 96720
(DMS) 19° 43′ 12.1″ N 155° 04′ 59.9″ W
【開教使】西山真道先生（輪番）、馬場大道先生、禿（かむろ）定心先生
【設立】1889年（正式には1897年）【現在の建物】1926年建設
【メンバー数】約600ファミリー

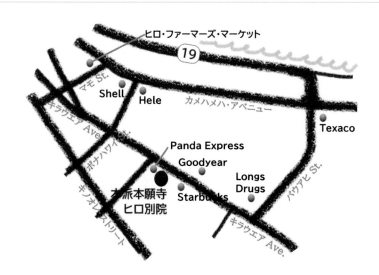

ヒロ・ファーマーズ・マーケット
⑲
マモ St.
Shell
Hele
カメハメハ・アベニュー
キラウエア Ave.
Texaco
ポナ
Panda Express
Goodyear
Longs
Drugs
本派本願寺
ヒロ別院
Starbucks
キ
バヤヒ St.
キラウエア Ave.

このお寺の歴史は古い。1889（明治22）年、大分県出身の僧侶・曜日蒼龍師が会堂を創設したことに始まる。

　曜日師は、布教を目的にハワイへ渡航した初の日本仏教僧侶である。宗主の了解のもと、激励を受けハワイに渡ったと言われている。オアフ島ホノルルを拠点に、ハワイ島、マウイ島、カウアイ島を含め7か月ほど精力的に巡回視察した。

　ハワイ島は2度巡回し、その際、信者や支援者、とりわけ移民監督だった木村斉次の援助を受け、現在のカメハメハ・ストリートにポナハワイ・ストリートが交わるガソリンスタンド「Shell」の辺りに布教所を開設した。ハワイ全島において日本仏教が産声を上げたのは、まさにこのときであった。

　彼は、帰国後すぐさま本山（京都・西本願寺）で現状を報告。様々な提言や要請を行なったが、本山の反応は鈍かった。その後、渡航して布教にあたった本願寺派の僧侶たちが現れるが、彼らは正式の駐在ではなかった。本山が正式に開教使を派遣したのは8年後の1897年であった。

　真っ白い外壁と西洋風の窓枠、そして屋根の上のドームが目をひく。十字架が掲げられていたらキリスト教教会と勘違いしそうだ。

　この建物は1926年に建設されているが、その当時はまだ別院ではなく「ヒロ本願寺」だった。「ヒロ別院」に昇格したのは10年後（1936年）である。その頃の繁栄ぶりを示す資料によると、日曜学校生徒1000人、中等女学校生徒1000人とある。現在もそうだが、この時代から島内一の勢力であったことがわかる。移民の精神的支柱であっただけでなく、教育面での貢献も大きかったのだ。

　ヒロの港からは少し高台に建っているが、1960年のチリ地震による津波で、現本堂から道路を挟んで海側にあった開教使住宅等14軒が流失した。本堂の建物がどの程度水没したかについては詳細な記録が残されていないことから、それほどの被害はなかったと思われる。

　本堂に上がる階段は左右に2つある。本堂右手に建つ管理棟との間を入れば、本堂に上がるエレベーターも設置されている。本堂内の内陣と外陣を隔てる柱は、控えめなエンタシス型を表現している。

歴史とロマンを感じる内陣

　創立100周年記念プロジェクトとして1988年に修復された内陣は、中央の阿弥陀仏を安置する須弥壇がさらに一段高くなっている。

　ご本尊右側の親鸞聖人の厨子は、屋根部分等に開祖を表す重厚さがある。左の蓮如上人は、浄土真宗中興の祖として尊敬される。

　「ご本尊の左右にシャラシャラと下がる金色の細かな細工は、法の雨。その前にある灯籠は、阿弥陀様が暗い道を歩いても生き物を踏まない（不殺生）ため。須弥壇は宇宙の真理を表す。ここに来て静かに座り、このお寺の歴史経過とロマンを感じてほしい」と、西山真道先生は内陣の荘厳や意味について味わい方を教えてくれた。

　ヒロ別院には現在3人の開教使がいる。そのなかで「輪番」と呼ばれる開教使は本願寺のご門主からの任命を受けた役職で、別院の運営を統括している。西山先生がそれにあたり、現在はホノルルの慈光園本願寺と兼務をしている。今朝ホノルルからヒロに着いたのに、明日はまたホノルルに向かうといった具合に、多忙なスケジュールで動いている。

　本堂内のオルガンは、サンデー・サービス（日曜礼拝）で仏教讃歌を歌う際にメンバーによって演奏される。日本語でのサンデー・サービスは2017年以降休止となっている。

ベルタワーから下ろされた梵鐘

　ヒロ別院に墓地はないが、納骨堂が1階にある。そこは空調の効いたきれいな空間になっている。区画の決まったケースが並び、アルファベットと数字の組み合わせで遺骨の場所がわかるように設計されている。もともとは本堂横にあったのが、納骨が増えるたびに引っ越しを重ね、現納骨堂は3番目の場所になるそうだ。

　納骨料は、目線の高さにある区画が最も高く、上下に離れるに従って安価になる。1区画おおよそ日本円で15万円。その後は管理費も何もかからない。日本に比べてリーズナブルに思うが、同じハワイ島の他宗派に比べると高価だ。お骨は納骨堂に納めるか共同墓地での埋葬になる。その両方に分骨をする習慣はないそうだ。海に散骨する家族もいて、その場合は散骨の前に家族と一緒に読経をしているという。

　梵鐘（大型の鐘）は、かつては本堂上のベルタワーにあり除夜の鐘を撞いていたというが、今は1階倉庫の片隅に眠っている。「明治四十二（1909）年八月十五日　撞初」とある。喚鐘しか持たない寺がほとんどだから、おそらく島内で一番大きな梵鐘だろう。吊るすための金具も取り外されて、一緒に保管されている。タワー木造部分の老朽化やシロアリ被害による傷み等で、安全のために降ろすしかなかったのだろうが、惜しいことだ。倉庫には、中学校を併設していた時代の校名「ヒロ中女學校」と墨書した木製の看板もしまわれている。

　ヒロ別院は、メンバー数が多く複数の開教使がおり、ハワイ島全地域の本願寺を盛り上げる旗振り役を果たしている。しかし、ホノルルにあるハワイ別院やハワイ島内の各本願寺と組織図としての上下関係はなく、他寺に対して指導的立場にあるのでもないため、各寺の概歴や創設年等は掌握していないということだ。

もう一人の開教使、馬場大道先生に本派本願寺ヒロ別院に関するあれこれを教えてもらったので以下に記す。

　会費（メンバーシップフィーあるいは護持会費）を払う人というのがメンバーの定義だが、それは個人であったり、夫婦で1口であったり、同家族でも世代別に1口であったりする。現在、メンバーフィーを払うペイ・メンバー数は約600。かつては2000ファミリーもいたという。

　アメリカ全体に共通することだが、ハワイの宗教観は「家の宗教」ではなく個人の選択であるから、夫婦で違う宗教であったり、子どもが自由に自分の宗教を

校名を記した看板と喚鐘

選んだりする。若者は、ハワイ島では産業が少ないために大学からアメリカ本土に行き、そのままアメリカ本土で就職して帰ってこない例が多い。就職のためにホノルルに出て行くことも多い。

　アメリカ本土においても、また、キリスト教を含む他宗派でも、メンバー数は減少の一途をたどっている。今のところは護持会費とドネイション、プリスクール運営等で維持しているが、10年以内には寺の統廃合が進むのは必至である。日本と違い、寺の資金源はお布施だけでは成り立たないのでプリスクール経営のほかに、餅つき、ボン・ダンス等の行事や、ガレッジセール、サンガホール（隣接するソーシャル・ホールの大きいもの）のレンタル等、様々なことを行なっている。餅つきやボン・ダンスは、地域とのつながりを深める意味合いも強い。

　さらに、各宗派合同で「ハワイ島仏教連盟（BIBF）」を組織し、3月の花祭りや8月または9月のアラエ墓地での法要、12月8日の成道会等も行なっている。宗派を超えて協力することで、仏教の姿勢や寺の姿を示そうという取り組みだそうだ。

　ヒロ別院では、日曜礼拝に来てくれる人や本願寺の門徒だけをメンバー

丹誠の人、馬場大道先生

として考えずに、ヒロ別院を支えてくれる人や各々の信仰とは別にサポーターになってくれる人たちにお寺との関わりをもってもらい、浄土真宗を知ってもらうことをすすめていこうとしている。それは、今は遠くに住んでいるが、祖父母や両親がヒロ別院のアクティブなメンバーだった人たちと、ヒロ別院とのつながりを深めていくことでもあるそうだ。

　落ち着いて誠実に対応してくれる馬場先生は、日系人の今をつぎのように話す。

　「ハワイでは、プランテーション時代の労働者が心の支えとして寺をつくり、僧侶を日本から呼び寄せたという歴史があります。寺は"メンバーのお寺"という意識があり、メンバーの一人ひとりにとっては"私のお寺"ですから、各メンバーが自分の得意分野を活かしてお寺を支えています。先祖が大変な思いをして守ってきた寺だから、自分もしっかり守っていかなければいけないという思いは、2世、3世には強いのですが、4世、5世になると自分は仏教徒ではないから関係ないという感覚が増えています。とは言え、彼らには昔の日本を感じます。古い時代の日本が残っているのです。移民当時の言葉がそのまま残り使われているのがその例で、たとえば強い広島弁であったり、ドッコイショやエライであったり、親から子へと受け継がれてきたのです。いたずら者を意味するコロヘというハワイ語があるのに、"I was Warubozu（悪坊主）"と言ったりもします。食べ物にも同じことが言え、冠婚葬祭にはひじきや白和えを食べるもの、という感覚が残っています。また、おばあちゃん世代は、行事のたびにあんこの入ったお饅頭を焼いて持ってきてくれます。驚くことに年末には家族で餅つきをする家庭もまだあります」

他宗派の人々もひきつけられる

22. ヒロ法眼寺

Hilo Hooganji Mission

ヒロ・ダウンタウン周辺

【宗派】高野山真言宗
【住所】457 Manono St. Hilo, HI 96720
（DMS）19° 42' 57.8" N 155° 04' 10.6" W
【開教師】九鬼崇弘先生
【設立】1908 年 【現在の建物】1967 年建設 【メンバー数】150 ファミリー

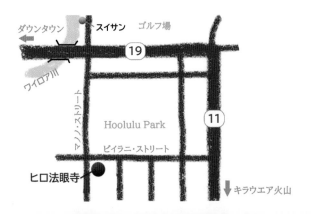

135

「ここに移転後最初の本堂が建っていました」と、九鬼崇弘先生

　弘法大師をまつる高野山真言宗の寺。住職は九鬼崇弘先生。「（筆者の住む）三重県は自分にも関係がある、名前が九鬼だから」と、親しみやすく愉快な先生だ。九鬼嘉隆・九鬼水軍と三重を知る知識人でもある。

　寺名の「法眼（ほうがん）」は、この寺の創始者である湯尻法眼師（ゆじりほうげん）に由来する。創立100周年記念の冊子には、最初は「ほうげんじ」であったのが年月の経過とともに「ほうがんじ」になったと信じられている、とある。

　湯尻法眼師は子ども時代に目の病気に罹った。信心深い母親は、彼を連れて周防大島の八十八ヶ所霊場を2度連れて歩いたという。あるとき、弘法大師が現れ、「僧侶になるなら病気を治してやる」と言った夢を見た。翌朝、法眼少年の目は癒やされ始め、高野山真言宗に入った。

　1902年頃に山口県から移民としてハワイに渡り、マウイ島にハワイ初となる真言宗寺院（現ラハイナ法光寺）を開創。その後、ハワイ島に渡り法眼寺を創建した湯尻師は、ハワイ各地に広まっていた誤った大師信仰を正常化し、大師講を整備していったらしい。

　ハワイでの真言宗開教状況の特異性について触れておきたい。他宗派では開教使が渡航して布教し、信徒をつくって寺を建てるのが順序になっているが、真言宗は異なった道をたどっている。

　移民のなかには、弘法大師を信仰する者が多かった。プランテーション

耕地での厳しい生活を強いられていた彼らは、精神的寂寥感から大師講を
つくり、故国にあったような宗教的営みを行なって、郷愁と無聊を満たす
現象が表れた。各耕地で小さな大師堂を建て、僧籍を持たない者が宗教的
儀式を営むようになっていく。しかし、各大師講・大師堂には横の連携が
なく、指導的な縦の統制もなかった。次第に、誤った教義や儀式で祈祷・
呪文を唱え、それがだんだん広まっていく。そのために、世間からの非難
を浴びることになった。これを憂い嘆いたのが、耕地労働者としてハワイ
に渡ってきた湯尻法眼だった。

　彼は大師講を改善しようと懸命に活動し、1908年には醍醐派から許可
を得て正式に僧侶となる。しかし、1人の力では限界があった。一方、事
態に危機感を抱いた在ハワイ日本総領事も真言宗の高野派と醍醐派に監督
者を派遣することを要請。それに応じて1914年、両派合同の監督者・関
栄覚師が赴任する。これが正式に開始された真言宗の開教となる。法眼寺
の創建はそれ以前の1908年であるから、じつに長い歴史を持つ寺である。

　ちなみに、現在ハワイ島にある真言宗のお寺は、すべて高野山真言宗で
ある。戦後の宗派再編成の際、高野山真言宗へ移行したのではないかと思
われる。

近づいて仏具を見てほしい内陣

南国の花が供えられた納骨堂

　現在の建物は 1967 年建設で、外観はハワイのお寺の多くがそうである
ように、日本の寺院様式とは異なるインド西洋風になっている。

　正面の屋根には緑色のドームが３つ付いている。中央のドームの上には
尖塔があったが、古びて落下しそうになったので今は降ろされている。

　本堂が広い。九鬼先生のお母さんが日本から来たときに、「まるで小学
校の体育館」と言ったというのが納得できる。内陣の天井から下がる金色
の仏具は、大きくてきらびやか。金具には厚みがあり、止め金具にいたっ
ては１つひとつすべて細かに柄模様が違う。古い時代のすばらしい手仕事
である。

　法眼寺には喚鐘が３つある。そのうちの１つ、海側の外廊に吊されてい
るものは盗難にあったことがある。発見されたのはヒロの質屋だった。そ
れ以来、３つの喚鐘はどれも鎖と鍵で守られている。パパイコウ本願寺の
事件もあるように、寺の鐘が盗まれるのは珍しくないようだ。

　内陣の右にあたる部屋が納骨堂になっている。納骨料は、本願寺よりも
格安な上に、遺骨の手前に供花できることも好まれ、本願寺の納骨堂から
移ってくる人もいる。そんなわけで、ここには浄土真宗本願寺派や浄土宗
の位牌まで並んでいる。シロアリにやられている位牌もあり、納骨棚に木

くずが見られる。シロアリ被害は深刻だ。

　九鬼先生はハワイ開教区の前ビショップ（総監）で、コナ高野山大師寺とコハラ弘法寺を経て1986年から法眼寺の開教師を務めている。日本を出て40年以上という大ベテラン。

　先生が法眼寺に赴任してきた頃、信者たちはお大師さん＝寺の僧と解釈していたそうだ。そのために、「お大師さん今どこにいる」「コナに行って留守ですよ」などという奇妙な会話になったり、「馬が逃げた、どうしたらいい」「鍵を落とした、どこにある」といった問い合わせが来たりした。地図を持参して来て宝の見つかる場所をたずねられたこともあったという。お大師さんなら何でも知っている、困ったらお大師さんのところへ行け、というので頼ってくるのだから、そのつど拝んであげるか、冷静な対応をするようにアドバイスしたそうだ。

　寺歴の詳細はわからないという。寺の書物等、日本語で書かれたものは、戦争中に開教師が抑留された時期に信者によって埋めたり焼いたりされて消失したのだろう、とのこと。日本人・日系人への追及を逃れるための方策だったが、歴代開教師が記した日記や沿革史も含まれていた。そのため、寺の正確な歴史を示す資料が残っていない。

　メンバー数は150。しかし、メンバーをどう規定するかが難しいという。護持会費を払っているが寺に来ない人や、反対に会費は払っていないが寺に来る人がいて、来る人たちは寺をよく助けてくれるからだ。来る人をメンバーとするなら、人口の多いヒロだから必然的にメンバー数も多い。他宗派のメンバーでありながら、法眼寺のメンバーという人もいる。会費を払う人をメンバーと呼ぶなら、その数は減るいっぽうだという。ハワイの宗教は、日本のように家を単位とせずに個人で選ぶので、引き継がれない。家族であっても違う宗派の信者がいても不思議はないわけだ。

　先生がコハラ弘法寺にいたとき、メンバーが少ないために浄土宗のメンバーが行事の手伝いに来てくれたそうだ。お大師さん信仰もあるからだろう。だから、信者さんの家の仏壇を開けると阿弥陀様と十字架が同居していたりするという。

　それにしても、信者の高齢化によって、この先もメンバー数が減少する

のは間違いない。

　そんな日系人の感覚はというと、先生曰く、

　「戦後、州議会に日系人議員が増え、人口比率でも日系が大きな割合を占めた。行政面にも経済面にも教育面にも日系人が勢力を伸ばし、コントロールした時代がある。しかし、現在はフィリピン系や白人が増えてきたので、以前ほどの勢いはない。それでも、日系文化がハワイに色濃く残っているのは確かだ。その日系人文化には、新しい風が入ってこない（新しい日本人移民が増えていない）ので、昔の日本が残っている。思いやりとか助け合いの精神では、昔の日本がここにある。もちろん、日系とは言え、アメリカ人だからアメリカ式の考え方をする。ところが教育やしつけ等では、考え方の基点が日本式になっている。ハワイ島では辛抱、我慢、おかげさまなど、人情味のある言葉が1世、2世から代々伝えられている。今（2019年春）、キクテレビ（日本の古いドラマ等を放映している放送局）で再放送されている『おしん』は人気がある。それは、移民した祖先の生活の苦労や心情をよくわかっていて、おしんに共感するからだ」。

　移民が止まり、風が止まり、アメリカンな感覚のなかに明治・大正の感覚を残しているのが、今の日系人ということになりそうだ。

　湯尻師の話に戻るが、師は他宗派であるヒロ明照院（浄土宗）の設立建築時（1911年）に30ドルの寄付をしている。新聞1部が5セント程度の時代であるから、相当の額になる。九鬼先生は「湯尻師が山口県の出身なので山口県からの移民者への浄財と思います」と言われる。湯尻師の人徳とともに、宗派を超えて仏教を広めようとした思いがうかがえる。

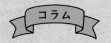

津波で消えた2つの日本人町

　ヒロには日系人が築いた2つの日本人町があった。

　1つは、椰子島。日本庭園で知られるリリウオカラニ公園からカメハメハ・アヴェニューにかけてのエリアにあった。ロコモコ発祥と言われるカフェ100、島内各地に展開するスーパーマーケットKTA、ポケ丼で有名なスイサンは椰子島から始まった。

　1960年のチリ地震津波は、ダウンタウンよりも東のエリアに強く押し寄せ、カメハメハ・アヴェニュー沿いの建物と椰子島にあった日系住民の住宅に壊滅的な被害をもたらした。唯一今に残る痕跡は、「津波時計」記念碑だ。スイサン隣のゴルフコースの端カメハメハ・アヴェニュー沿いにあり、津波が襲った時刻、1時4分を指して止まっている。

　もう1つは、新町。椰子島よりもダウンタウン寄り、カメハメハ大王像が建つワイロアリバー州立公園一帯にあった。1946年4月1日のアリューシャン地震津波は、海沿いの木造建物に壊滅的な被害を与え、鉄道も破壊した。

　住民は同じエリアで新町を再建したが、14年後、チリ地震津波でまたしても壊滅状態となる。このとき、太平洋津波警報システムは適切に機能し警報を発した。ところが、第1波は1.2mほど水位が上がっただけ。避難していた人々は誤作動だと思い込み、湾の近くのエリアに戻ってしまう。波は次第に大きく成長し、第3波は新町辺りで10.7mという巨大な波となって襲ってきた。死者61人、500を超える家屋や企業が被害を受けた。新しく建てられた新町は完全に破壊された。現在、カメハメハ大王像の後方に、新町があったことを示す記念碑がある。

　津波後、椰子島と新町は非居住区域に指定され、州政府は住民を強制的に移転させた。こうして、椰子島、新町の2つの日本人町は完全に地図から消えた。

ハワイ州で一番大きなパイプオルガン

23. ヒロ東本願寺

Hilo Higashi Hongwanji Mission

【宗派】浄土真宗大谷派
【住所】216 Mohouli St, Hilo, HI 96720
（DMS）19°42'38.7"N 155°04'59.1"W
【開教使】マルコス・自然（じねん）・サワダ（沢田）先生
【設立】1928年 【現在の建物】1964年建設
【メンバー数】約130（ファミリー・個人）

内陣内のパイプオルガンが目をひく

　東本願寺のハワイ布教はカウアイ島ワイメアから始まった。その後、オアフ島ホノルルのハワイ別院設立に尽力した泉原寛海師がハワイ島開教に乗り出す。

　1928年、椰子島に「東本願寺仏教会館」を開設。しかし、1960年のチリ地震津波で流され、現在の高台に引っ越した。今の建物は津波の4年後に完成している。住宅街のなかにあるが、交差点に面した広い敷地に八角形の納骨堂と本堂前面の溶岩を用いた黒い柱が目をひく。

　広い本堂内に、ずらりと並んだ長椅子。200人は座れそうだ。本堂が広いためか、装飾や仏具が少ない印象を受ける。

　内陣は、木調、黒漆、金箔が調和して落ち着いた雰囲気を与える。須弥壇は、金具以外は黒。これも厳かさと安定感をかもし出している。

　この寺でなんと言っても目をひくのはパイプオルガンだ。パイプは宮殿の左右に大きな面積を取っている。1967年に白人女性から寄付されたもので、たぶんハワイ州で一番大きいそうだ。

　それにしても寺院に本格的パイプオルガンという組み合わせは奇妙だが、「ハワイの宗教は西洋、アメリカ、インドが合体した面があり、寺院とチャーチも入り交じっているのです」と、マルコス・自然(じねん)・サワダ（沢

八角形の納骨堂内

田）先生。そのようなハワイアンのイメージもあって、「日本仏教のお寺はテンプルと称したいところですが、ブッディスト・チャーチと呼んでいる」そうだ。

　サワダ先生は、ブラジル・サンパウロ出身の日系2世。同朋大学に学び、サッカー・Jリーグのスタッフとして勤めた時期もあったというから、開教使としては異色の経歴の持ち主だ。

　「ポルトガル語を母語にする私が英語で布教をするのは、メンバーさんたちにフィットできているか、ギャップがないかと心配だった。僧侶1人で運営していく苦労もある。しかし、ブラジルよりも移民の歴史が長いハワイでは、文化として完成した面が多いので助けられている」と話す。

　ハワイ島に大谷派の東本願寺はここだけしかない。西本願寺派に大きく立ち後れたのにはわけがある。1つは、移民を多く送り出した広島・山口・福岡・熊本には西本願寺の末寺が多かったこと。もう1つは、当時の大谷派が北海道を含めた内地の布教および中国等、近隣国への布教に力を入れていたことによる（現在、サワダ開教使はオアフ島のカネオヘ東本願寺に転任、新しく三好開教使が赴任）。

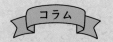

ヒロ大神宮

　1898（明治31）年、「大和神社」としてピオピオ通りに創建された。海外に現存する神社では最古とされる。

　ピオピオ通りは、現在カメハメハ大王像が建っている辺りのヒロ湾から山側に走る通りで、一帯に多くの日本人が住んでいた。そのピオピオ通りの海側、現在ガソリンスタンドTEXACOがある辺りに、大和神社はあったと思われる。

　1960年のチリ地震による大津波で社殿が流され、内陸部の現在地への移転を余儀なくされた。ヒロ大神宮の現在の社殿は、1966年の建立になる。

　開け放たれた拝殿、清められた境内。すがすがしい神社の雰囲気が、ハワイにいてここだけ日本にいると錯覚させそうだ。

　ここは単一宗教法人格の神社であり独立した宗教法人なので、観光客・日系人・崇敬者等からの売り上げ（ご祈祷料やお賽銭等も含む）を収入として運営されている。宮司の堀田尚宏先生は、年末の仕事納めや地鎮祭等に出向き、年越しから正月にかけては大勢の参拝客を迎える等、精力的に活動している。

　「土地の人たちは、僧にも神官にもレバレンドやミニスター、あるいは

ヒロ・ダウンタウン周辺

初詣で賑わう社殿

境内では獅子舞も。笛・太鼓のお囃子とはっぴ姿

先生といろいろに呼ぶ。神官の私が、お坊さんと呼ばれたこともある。また、『お札貼ってどうなる？　何のためのお祓い？　ネガティブな言葉は嫌い』、等と言う。そのため、できるだけ身近なものを取りあげ、英語で語ることになる。たとえば、お札やお守りは携帯電話のようなものでそれによって神とコンタクトをとるのです、というように」と先生。

　ハワイ島でただ１つの神社を、日本からの援助を受けずに運営する苦労は深いだろう。しかし、知恵を駆使してしている堀田先生は、神道はもちろん、仏教の歴史等の知識も広い。先生が忙しくないときに話を聞くチャンスを得られるなら、ぜひそうしてほしい。訪問者はきっと、先生の話に何度も頷かされることになるだろう。

歴史的遺物の宝庫

24. ヒロ明照院

Hilo Meishoin Jodo Mission

【宗派】浄土宗

【住所】970 Olona St, Hilo, HI 96720

（DMS）19° 42' 11.8" N 155° 04' 35.5" W

【開教使】宮崎潤心先生 【設立】1911 年 【現在の建物】1964 年建設

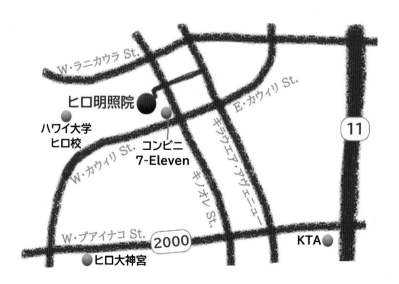

W・ラニカウラ St.

ヒロ明照院

ハワイ大学
ヒロ校

E・カウィリ St.

W・カウィリ St.

コンビニ
7-Eleven

キラウエア・アヴェニュー

(11)

キノオレ St.

W・プアイナコ St. 2000

ヒロ大神宮

KTA

ヒロ・ダウンタウン周辺

147

内陣

　明照院は清水観碩師が1911年、ピオピオ通りに開山した。現在で言えばパウアヒ・ストリート沿いに建つ役所辺りであったと思われる。しかし、1960年のチリ地震による大津波に遭って、現在の地へ移動を余儀なくされた。今の建物は1964年の建造になる。

　ところで、浄土宗信徒の出身地には特有の傾向が見られる。

　『洋上の光』(1934 布哇浄土宗教団本部発行)に、浄土宗各寺院の運営に尽力する信徒と出身地が記載されている。その出身地をハワイ島に限って集計してみると、147名中もっとも多かったのが山口県出身者60名（約41%）であった。同時期（1929年）にハワイ島に居住していた日本人のうち山口県出身者は約17% [※1] であり、浄土宗の信徒は明らかに山口県出身者の割合が多いことがわかる。

　また、明照院の過去帳(1896〜1938)を調査した川添崇祐氏によると[※2]、明照院では『洋上の光』の割合以上に山口県出身者が多く（66%）、そのうち大島郡出身者が半数以上を占めていたようである。

　つまり明照院は、山口県出身者とのつながりが深く、とりわけ大島郡という限られたごく狭い地域の出身者が中心となって支えていた寺院であったようである。

（※1）日布時事布哇年鑑（1929）「布哇日本人人名住所録」から、飯田耕二郎氏が作成した資料による。
（※2）「ハワイ島における浄土宗寺院の展開」（1982）仏教論叢26・浄土宗教学院

　ところが驚いたことに、広い内陣の奥のご本尊は、三重県から来たという。『ハワイ開教九十年史』（1984年）には、「南勢教区弘道寺にては阿弥陀如来立像を布哇明照院本尊仏として寄贈」と記されていて、浄土宗Webサイトで検索すると弘道寺は三重県の松阪市にしかないのだ。現在は伊勢教区となっているが、当時は南勢教区だったのかもしれない。

　浄土宗に限らず、三重県からの移民は少ないというのに、なぜ三重県からだろう。初代開教使の清水師が東海地方出身であることが関連しているのかもしれないという話もあるが、それを示す文書は今のところ見当たらない。100年の歳月はその経緯すら消し去ってしまったようである。

　内陣の脇には、廃寺となったワイナク浄土院とラウパホエホエ浄土院のご本尊がまつられている。また、本堂の外にある鐘楼には、ラウパホエホエ浄土院から持ってきた鐘が下がっている。ラウパホエホエでは喚鐘として使われていたものだが、明照院では除夜の鐘を叩くときの梵鐘として働いている。その鐘には「ハワイ開教最初の上陸地　ラウパホエホエ浄土院　復興記念　1983年」とある。ラウパホエホエ浄土院は開教使の太田師が去った後に閉じられていたが、この年（1983年）に復興をした。寺の繁栄を願う、当時の思い入れの深さがこの鐘にはこめられていたのだ。しかし、16年後には廃寺となってしまい、明照院に移転する運命をたどった鐘である。

　明照院には、ほかに

（右）ラウパホエホエ浄土院本尊
（左）ワイナク浄土院本尊

ヒロ・ダウンタウン周辺

ラウパホエホエ浄土院の喚鐘が掛
かる鐘楼

倉庫に保管されているラウパホエ
ホエ浄土院の棟札

も2つの喚鐘がある。ひとつは本堂入り口に掛かる喚鐘で、刻まれた寄進者名から明照院がピオピオ通りで開山した時（1911年）のものとわかるそうだ。もう1つの喚鐘は倉庫に保管されており、こちらも彫られた名前からワイナク廃寺のものだと判断できるという。

高さ150cmほどの木製の板に墨書された、棟札等も保管されている。ラウパホエホエ浄土院の大改築（1909年）上棟入仏式のときのもの等、大変古くて貴重な資料である。

本堂外の軒下に、横長にずらっと掲げられた「二十五菩薩」の木彫りがある。大変な苦労を重ねて成功したスイサン元社長・松野亀蔵の息子が、明照院創立100周年記念に寄進したものである。亀蔵は、スイサンの現社長の曾祖父にあたる。この亀蔵は「ヒロ・タイムス」を創設した大久保清とともに、元年者100周年の1968年に元教会の建物を明治村に贈っている。

敷地内には檀家さんが経営するプリスクールがあり、宮崎先生は週1回ボランティアとしてそこで紙芝居等をしている。

一方、寺に対する日系人のボランティアを見ると、人々が宗派を超えて助け合う場面がある。それは個人のつながりから起こるそうだ。たとえば、お寺で大き

な行事をするときに、メンバーの友人のキリスト教徒が協力してくれるという風にだ。

　正月にこの寺に行くと、大きな絵馬が掛かった本堂への入口に、一対のカドマツが据えられている。かなり本格的で、斜め切りの太い竹、松葉の柔らかい松、そして花飾り。直径15cmはある太い竹を使い、高さは1m60cmほどもある。正月前後にカドマツを飾る寺は島内に多いが、これほど大きなものはここにしかない。メンバーによる手づくりだ。

　さて、ここからは後日談になる。三重県南伊勢の弘道寺から来たというご本尊に関して、筆者は三重県松阪市にある浄土宗伊勢教区教務所に

三重県から海を渡ってやって来たご本尊

問い合わせてみた。調査して後日回答するとのことで、届いた返事は、

　「ご本尊を寄贈したというのは、廃仏毀釈の背景（ご本尊や仏像が海外に流れた）から考えてあり得る。しかし教務所には記録がなく、弘道寺に寺の記録が残っているとも考えられない。弘道寺を兼務している僧は高齢で、聞き取りも困難です」

　と、電話口の声は申し訳なさそうだった。なぜ、三重県の弘道寺だったのかは判然としないが、日本の寺院のご本尊が海を渡ってハワイ島の寺にまつられていても不思議でないことは理解できた。

Hawai'i Japanese Center（布哇日系人会館）

ヒウラ館長と書庫にて

ヒロの空港近く、キラウエア火山に向かう11号線沿い（ヒロ空港から2ブロック南）に建つ。水曜から土曜の11時から14時が開館時間だが、閉まっていることがある。そんなときは、玄関ドアに書いてある連絡先に電話をすれば笑顔で出迎えてくれる。

館長はハワイ・ヘラルド誌の元編集者アーノルド・ヒウラさん。奥さんとボランティアさんたちとで、じつに膨大な量の日系人歴史資料の整理・分類・保管等にあたっている。

NPO法人で運営されるこの施設は、元『ヒロ・タイムス』創設者の大久保清のコレクションからスタートした。新潟生まれの大久保は、長兄の呼び寄せで大正末期にハワイに渡り、1955年に『ヒロ・タイムス』を発刊する。長年にわたり日本人移民の資料を収集し、「ハワイ島日本人移民資料保存館」を設立した。これが、現施設の前身になる。

館内には展示室、公文書作業室、レクチャー室、保管庫、映像室、図書館……と、多くの部屋がある。日系人関連の書籍、手書きも含んだ日本語新聞、プランテーション労働者のキャンプ時代から近年までの生活用品や衣類、各種仏具、懐かしの日本曲レコード、日本映画のポスター等、大量で貴重な資料は研究者が調査に訪れるほどだ。後藤濶を扱ったビデオの上映もある。まさに日系人文化の研究教育センターである。

1世2世の暮らしと精神を、これからの日系アメリカ人世代に伝えていく役目を果たしている施設である。日本から訪れる人にも、自国の過去を知るうえで、ぜひ訪問してほしい場所だ。

25. 日蓮宗ヒロ教会

Hilo Nichiren Mission

【宗派】日蓮宗
【住所】24 Makalika St, Hilo, HI 96720
(DMS) 19° 40' 07.6" N 155° 03' 43.0" W
【開教使】不明 【設立】1959 年 【現在の建物】1965 年建設 【メンバー数】不明

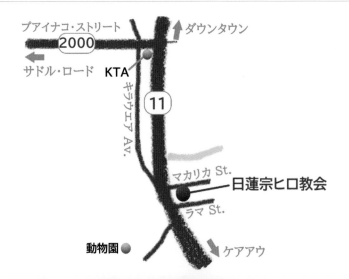

カパパラから運ばれた喚鐘

かわいいお供えに囲まれた地蔵尊

　ハワイ島南部カウ地区のカパパラに教会ができたのが、ハワイ州における日蓮宗の始まりになる。当然、ハワイ島にはその教会以外に日蓮宗教会はなかった。そのため、ヒロの信徒たちは60マイルの道を馬や馬車に乗って通ったが、途中どこかで一夜を明かさねばならない距離だった。その後、カパパラ教会は、シュガー・プランテーションの機械化で日系労働者が激減。カパパラ在住の日蓮宗信者は皆無となり、住職のいない寺になってしまう（1957年）。

　そこでヒロの信徒たちは教会堂をヒロに移築しようと考えたが、莫大な費用がかかるため断念し、キラウエア通りに分教場を設ける（1959年）。現在地に、州から格安の値段で土地を購入し、現教会が竣工したのは1965年だった。現在ハワイ島に現存する日蓮宗寺院はここだけである。

　境内も建物も、簡素で慎ましやかな印象だ。本堂入口の上に寺名が掲げられ、井桁に橘(タチバナ)の日蓮宗の紋章もあるが、残念なことに2016年頃から閉められている。通りに面した芝生広場に建つ移民万霊供養塔が、無住の寺を守るかのように建っている。

　本堂内への入り口は豪華さも装飾も省いた観音扉で、基調の白に朱色のペンキがアクセント的に塗られている。閉じられたその扉の前に、パパイヤやアップルバナナ等が置かれていたりするのは、信者が家で収穫したも

のを持ってくるのだろう。土間にそっと置かれたお供え物に、信心の深さを感じて胸を打たれる。

入口右の喚鐘には、「大正七年十月十三日御会式の〇〇……」と読み取れる文字がある。大正7年は西暦1918年になる。ヒロ教会は1959年に分教場が設置され、現教会が落成したのはさらに6年後だ。分教場設置よりも41年も昔の鐘があるのは奇妙に思われるが、これはカウ地区にかつて存在したカパパラ日蓮宗教会から運ばれた鐘だからである。そのカパパラの日蓮宗教会は、今はチベット寺院（ウッドバレー寺院）に変わっている。

本堂と七面大明神の間にある地蔵堂には、蝋燭立てやお鈴等の仏具がある。風車や水が供えられており、日蓮宗を崇拝しお世話をする信者の存在を示している。

庫裏はレンタルされているようだが、呼びかけても応答はなかった。ハワイ日蓮宗別院へメールで問い合わせてみたが返信はもらえず、日本の日蓮宗本部にも問い合わせたが、回答は「ハワイ日蓮宗別院の管轄なので、そちらにたずねてくれ」とのこと。再度、ハワイ別院へ問い合わせたが返信はなく、調査の道を絶たれた形になった。従って、この寺が現在活動しているのかどうか、また何らかの形で開教使が関わっているのかいないのか等を、ここに記述することができないのが残念である。

Puna

プナ地区

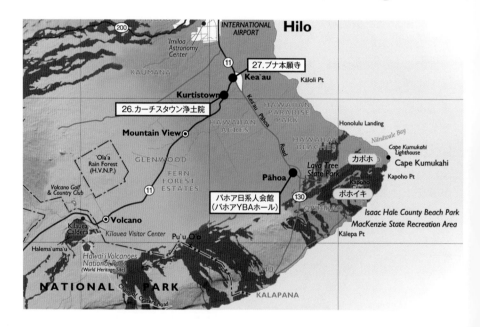

ヒロからキラウエア火山に向かって9マイル、そこからプナ地区は始ま
る。プナ本願寺周辺は住宅地が広がり繁華だが、キラウエアに向かって車
を進めるほどに田舎の景観に入っていく。

かつては、日本やフィリピンからの移民・出稼ぎ労働者の手で開拓され
た耕地が広がっていたこの地域で、20世紀初頭、白人経営者からの耕地
作業を請負っていた岩崎次郎吉は有名である。彼は、ケアアウからカーチ

道路を横断した2018年の溶岩流（ポホイキ）

スタウンまでの一帯で出稼ぎ労働者を指揮した。寺や学校等への寄付を惜しまなかった人物で、熱心な浄土宗信者だった。カーチスタウンには、岩崎キャンプと呼ばれる労働者たちの居留地があった。そこには彼の家もあり、プナエリアで最大規模のキャンプだった。

　この一帯には、島の東北部ハマクア地区と並んで特にプランテーションが多く、生産量も多かった。ところが、プランテーション会社としては利益面で難儀があったらしい。理由の1つは人件費だったようだ。

　オアフ島では耕地労働者が待遇改善を求めるストが起きている。ハワイ島の場合はオアフ島ほどではなかったらしいが、それでも賃上げによる費用はかさんでいった。会社側は機械の導入によって人手を減らす策に出た。岩崎次郎吉の仕事は、今で言えば人材派遣業者というと語弊があるかもしれないが、近くとも遠からずだろう。

　労働派遣の要請が減れば、岩崎の仕事も減少する。自ら経営するストアと公会堂も持つほどに隆盛を極めた岩崎キャンプだが、時代の変遷とともに姿を変え、今は面影を探り当てるのも困難になっている。このあたり一帯に広がっていたサトウキビ耕地も姿を消した。

ハワイ州最古の本堂

26. カーチスタウン浄土院
（オーラア仏教会堂）

Kurtistown Jodo Mission

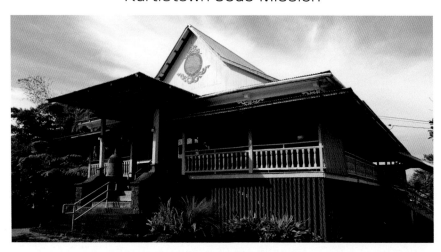

【宗派】浄土宗
【住所】17-420 Kuaaina Rd. Kurtistown, HI 96760
（DMS）19° 36′ 01.4″ N 155° 03′ 21.1″ W
【開教使（兼務）】宮崎潤心先生 【設立】1902 年 【現在の建物】1907 年建設、1958 年改装

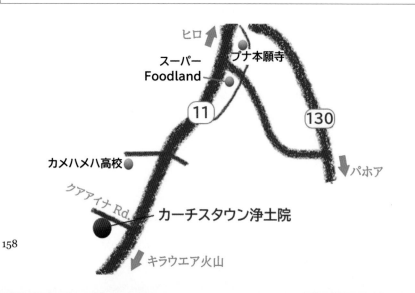

ヒロから 11 号線で 9.5 マイルにカーチスタウン浄土院はある。ヒロ明照院の宮崎潤心先生が兼務しており、つくりは略式ながら日本様式。1900 年にラウパホエホエに上陸した伊藤円定師が、1902 年に開山した寺である。

　当時、カーチスタウンにはハワイ最大と言われた岩崎キャンプがあり、日本人が多くいたにも関わらず、寺も学校もまだなかった。そこで、伊藤師が赴いて布教を始めたのがこの寺の起こりになる。後に 8 エーカー（約 1 万坪）の土地を現地人から購入し、寺と小学校が建築される。寺と学校に 1 エーカー、墓地に 1 エーカー、残りの 6 エーカーを貸し地としてその地代を寺の基金にしたという。

　寺の建物は改装はされたものの、大部分が現在もオリジナルのまま残っており、ハワイ州で最も古くかつ最大のものになる。高床式の本堂に向かい合って別棟の建物がある。これは、元日本語学校校舎だった。

　本堂に上がる階段の左に置いてある梵鐘は、刻字が読みづらくなっているが、浄土宗ハワイ開教の略史と岩崎キャンプの岩崎次郎（成人してから「次郎吉」としたようだが、浄土宗関連資料では「次郎」）等寄進者の名前が 50 名ほど刻まれている。

　当時、ハワイには梵鐘がどこにもなかった。日本で鋳造された梵鐘の値

屋根だけが取り付けられた宮殿

段が「日本金四百円」と記されているのも興味深い。野村ホールディングスと日本経済新聞社が運営する「man@bow」というサイトによると、「明治時代の1円を現在の価値に置き換えると2万円ほどであったと想定される」らしい。この想定によると、梵鐘の値段は現在の価値で800万円となる。

　外陣に入ると左壁の高い位置に、第1代からの歴代開教使の写真が掲げられている。内陣の木製祭壇は彩色をされておらず、仏具にも金箔を貼ったものがほぼないので、とても落ち着いた雰囲気がある。宮殿には、柱のない屋根だけが背後の壁に取り付けられている。そのために、屋根が宙に浮いているように見える。その屋根の下の、阿弥陀様と2体の仏像だけは金色に輝き、対峙する者の心を惹きつける。

　祭壇右のドアを入ると、納骨堂になっている。1.5m × 3mほどの慎ましやかな小部屋だ。その奥はミーティングルームになっていて、庫裏へとつながる。庫裏は今、日本人が住居として借りている。

カーチスタウン浄土院墓地

　この寺の墓地は、敷地内と、少し離れたハッピーホーム（地名）の2か所にある。

　敷地内の墓地は、下草がすっきりと刈り取られ手入れが行き届いている。墓石の1つひとつには番号プレートが付けられていて、墓地入口の一覧表と照らし合わせれば何番が誰の墓かわかるようになっている。ただ、「unknown」と表示された番号が多い。比較的新しい墓石もあるが、風化してただの石ころのようになったものも多いからだ。それらは、もう文字も読み取れない。なかには握りこぶしほどの大きさしかない、これが墓石かと疑ってしまうのもある。これは、カーチスタウン浄土院の歴史の古さだけではなく、明治中頃からの出稼ぎ労働者が貧しい暮らしの末に異国で亡くなったことの証明でもある。耕地労働に課された年季があけても故郷に錦を飾れなかった人々の無念が、この石の塊であるように思われる。

　耕地労働の大請負業者であり、またカーチスタウン浄土院への貢献者でもあった岩崎次郎吉の墓はここにないが、岩崎佛子と岩崎松枝の墓（No.36）

佛子と松枝の墓

がある。

　佛子の墓石で気になるのは、「一九一一年八月十八日　岩崎次郎五女」
と表記されている点だ。佛子は死産の子で、「仏子」「四女」とする資料が
ある。岩崎の名前が「次郎」とされているのも奇妙だ。自ら「次郎吉」と
名乗った男が、どうしたことだろう。さらに、この時代の墓石では年号を
元号で表記するか、西暦の場合は「千九百十一年」と表記するのが普通だ
から、その点もおかしい。推測だが、この墓石は後の時代に建てられたの
ではないだろうか。そう考えて眺めれば、表記の疑問にも、また百年以上
を経過した墓石にしては傷みが少ないのにも、納得がいく。

　松枝の墓も「一九〇八年　五十三才」となっているので、やはり後に建
てられた（あるいは建て替えられた）のだろう。彼女について不明なのは、
次郎吉との関係だ。次郎吉の妻の名は常代だったから、松枝は妻ではない。
享年「五十三才」からすると、この年41歳の次郎吉の母でもない。考え
られるのは、叔母だ。次郎吉経営のイワサキ・ストアを切り盛りしていた
のは次郎吉の叔父だったというから、松枝はその妻ではないだろうか。

　古いお墓には日系人の歴史の事実へと導いてくれるものがあり、好奇心
をかき立てられる。

岩崎次郎吉

　20世紀初頭、広大なオーラア耕地で日本人移民労働者を使い、サトウキビ・プランテーションの請負事業を行なう者たちが現れる。そのなかで商才や指導力を持つ者は、数百人以上の労働力を集めてボーシ（ボス）と呼ばれるようになり、財をなしていった。2000人近くの移民労働者を使って事業を請け負っていた岩崎次郎吉は、その代表格と言える。

　カーチスタウン浄土院が開山後に8エーカーの土地を購入し、小学校と墓地までも備えたのには、次郎吉が関わっていたと思われる。

　岩崎次郎吉は1867年、福井県に生まれた。父は村の庄屋だったが、ある訴訟費用のため

岩崎次郎吉

に家はつぶれる。総領の次郎吉は東京で砂糖問屋をしていた遠縁の店に奉公に出される。やがて砂糖を日本に輸入する目的を抱き、26歳でハワイに渡る。しかし当時、ハワイからの砂糖輸出はすべて耕主組合を通して行なわれていた。あちこちの耕地へ出向き輸入交渉をした次郎吉だったが、埒があくはずもなく持参した金は消えてしまう。そこでコーヒー栽培に目を付けた彼はコナに移動するが、適当な借地はすでに契約済みになっていた。

　そこに舞い込んだのが、オーラア開墾計画の発表だった。オーラアには白人が入植し、コーヒー栽培の開拓に手を付け始めていた。次郎吉は、同じようにコナで遅れをとった日本人を集めてオーラアに入ると、白人栽培者のための開墾を請け負った。そうして得た金をもとに、ハワイ人から借地して自らコーヒー栽培を始める。コーヒーは乾燥地を好むが、オーラアは降雨量の多い地区である。4年目には破産寸前に追い込まれてしまった。

そこで次郎吉は、オーラア砂糖会社の発足にあわせて約50名の移民を率いて請負業を開始する。開墾から収穫までの全過程を請け負った次郎吉は、数多くの労働者とラバ（ロバと馬の一代雑種）400頭、労働者用住居とショップを持つ大請負師になってゆく。

事業開始の翌年（1900年）には、砂糖耕地岩崎事務所と鉄道工事岩崎事務所を構えるまでになった岩崎ボーシ（ボス）は、カーチスタウン浄土院と付属日本語学校建設の音頭をとり、プナ本願寺にも多額の寄付をしている。当時の彼の儲けを数万ドルと憶測した邦字新聞もある。

岩崎キャンプは天長節の祝賀相撲で知られ、ヒロのセミプロ力士（ジョージ・アリヨシの父もその一人）が多く集まったという。

相撲だけでなく盆踊りや餅つき等にも、費用の大半が次郎吉の懐から出た。キャンプ内の公会堂では、芝居や浪花節、弁士を呼んでの活動写真も行なった。次郎吉のキャンプには、ほかの耕地から逃亡してくる者が跡を絶たなかった。請負師というからには、移民を食い物にしての出世と言えなくもないが、指導者としての彼にはカリスマ性があったと言えよう。

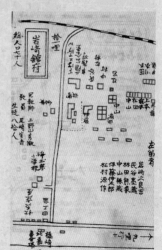

妻・常代との間に5人の子があったが、籬間（とうま）というワヒネ（ハワイ語で女・妻）も家族と同居させており、こちらには2人の子がいた。常代没後、51歳の次郎吉は日本から後妻を迎える（1918年）が、翌年に病（スペイン風邪か）にかかり、療養のために帰国した日本で最期を迎える。

岩崎キャンプは地名として近年まで残っていたようだが、現在では新しい家が建ち並び、面影を偲ぶのは難しくなっている。

（写真：『布哇一覧』武居熱血著・1914年・本重眞喜堂より）

20世紀初頭の岩崎キャンプ。
武居熱血『布哇一覧』

27. プナ本願寺（オーラア本願寺）

Puna Hongwanji Mission

【宗派】浄土真宗本願寺派
【住所】16-492 Old Volcano Rd, Keaau, HI 96749
（DMS）19° 37' 27.6" N 155° 02' 20.8" W
【開教使】富岡智史先生
【設立】1902 年 【現在の建物】1937 年建設
【メンバー数】230 人

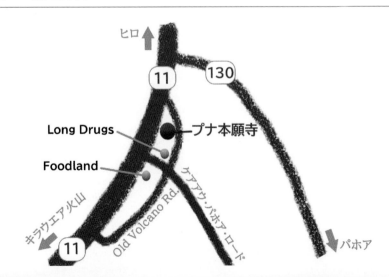

11 号線をヒロからキラウエア方面に向かい、ケアアウの交差点でオールド・ボルケーノ通りに入る。

開教使は富岡智史先生。「カイミポノ（Ka'imipono）」というミドルネームをハワイに来てからプレゼントされたそうだ。ハワイ語で、真実を探す人といった意味だという。「自分を振り返るために、肝に銘じたいよい名前を考えてもらった」と言う先生は、まだ 30 代前半だというのにすでにミドルネームを体現する真心の開教使である。

プナ本願寺の布教が始まったのは 1902 年で、信徒宅の 2 階が仮布教所だった。その後、布教所、日本人学校、小学校と建設されていく。現建物が建立されたのは 1937 年で、正面右側の柱基礎部分にその年を示す石板を見ることができる。この間、財政面で寺を支えたのは信徒たちだった。

本派本願寺ヒロ別院とよく似た外観のインド西洋風に建てられたこの寺は、いつ訪れても本堂背後のキッチン周辺にメンバーたちの姿がある。先生が不在でも、この人たちにお願いすれば本堂内外を案内してもらえるかもしれない。

広々した敷地の中央に本堂が建ち、左に棟続きの庫裏、右には別棟の納骨堂が配置されている。昔の日本人学校は、現在の庫裏と本堂側面との間にあったそうだ。

本堂は 3 つのタワーとそれぞれのドームを持つ。向かって左のタワーが鐘楼（今は鐘がない）、右が昔の納骨堂で、中央のタワーは外観的効果を高めるためのもので機能は持っていない。

本堂の外廊下から鐘楼への入口に立つと、ドアの上には「CHOBA（帳場）」の札が掛かっている。葬儀等で香典等を預かる場所として利用されていた。ドアを開けると 4m 四方ほどの小部屋になっており、右隅に鐘楼への階段がある。

「昔は除夜の鐘をつきに鐘楼へ登ったという話を、メンバーさんから聞いたことがある」と、富岡先生。現在、その鐘がどこにあるのか、わからないそうだ。

鐘楼と反対側にある昔の納骨堂だった小部屋には、かつては引き出しのようになったケースが並んでいて、そのケースに納骨していた。しかし、

メンバーの願いと歴史を感じたい本堂

引き出しを開けると棚が傾き倒れる等、不具合が多くなったので、メンバーの手によって新しく別棟の納骨堂が建てられたそうだ。

　本堂の窓ガラスは、ヒロ別院のようなステンドグラスではないものの、洋風に広く切り取られている。窓が側面壁の広い割合を占めているので本堂内が明るい。窓のガラスは建設当時からのものだという。天井や壁がキリスト教会にいるような雰囲気にさせるが、内陣中央の阿弥陀如来、その右の親鸞聖人、左の蓮如上人、そして本願寺の紋章等、完全に日本仏教の寺院である

　内陣の壇は2段階になっている。仏具はすべて京都製で、修復も日本へ送っている。宮殿の屋根から下がる装飾と、細かな細工を施された須弥壇はしっかりとしたつくりになっている。金箔が多用されているが、花入れ等の仏具の塗装が茶色であるためか、内陣全体として受ける印象はシックで厳かだ。

　「内陣の美しさから、貧しい労働環境のなかで寄付をして寺を残そうとした当時の人々の願いや、法灯を守ろうとした歴史を感じてほしい」と、富岡先生。

　内陣左右に毎週のサンデー・サービス等に利用される大型モニターが設

置されている。現代的で一見
異質とも思われそうだが、絵
図等を活用した法話は理解し
やすいので、仏教や寺への親
しみをもってもらえて有効で
ある。

　本堂内入口側の壁に飾られ
た、「オーラア本願寺落慶式
記念　1938年5月15日」の
写真には、1000人ほどが写っ
ている。サトウキビ産出量が
島内一と言われたこの地域の
繁栄期を偲ばせる。写真当時、
この辺りの地名は Olaa（オー
ラア）であり、寺名も「オー
ラア本願寺」だった。オーラ
アは、サトウキビ栽培が盛ん
であるとともに、辺り一帯の
広大な土地を所有していた
シップマン家の本拠地でも
あった。

柔道用マットが敷きつめられたソーシャルホール

清澄な空間の納骨堂

プナ地区

　「オーラア本願寺」から「プナ本願寺」と名前が変わった経緯には、寺
の土地の所有者であり、後に提供者にもなったシップマンの提言があった。
彼の援助で寺がスタートするとき、オーラアよりも広いエリアを指すプナ
の地名を冠することを提案したというのだ。

　ステージを備えたソーシャル・ホールは、本堂の下に位置する。ホール
の窓の下をよく見ると、床からの高さがステージ側では50cmぐらいある
のに、反対側は20cm程しかないのに気づく。床が明らかに傾斜している
のは、映画館の斜度のように後ろからでもステージを見やすくするための
工夫だ。

ホールの中央には、40畳はあると思われる柔道用マットが敷きつめられている。このホールは、柔道クラブのほかに太鼓クラブも利用する。プナ太鼓は結婚式やお祝いごとに招かれて、演奏を披露する機会が多いそうだ。「コミュニティの寺になることが、寺の存続につながる。地域を大切にし愛する寺であれば、地域の人も寺を大事に思ってくれる」と、富岡先生は考えている。

　寺や仏教存続のための活動にBIBF（ビッグアイランド・ブッディスト・フェデレーション）があり、宗派を超えた7か寺が参加している。4月の花祭りと12月の成道会を合同開催とし、催行はこのうちの5か寺が持ち回りで行なう。寺の理事会も積極的に協力しているそうだ。

　屋外に出ると、敷地に広がる広い芝生広場を風が通り抜ける。心地よい庭に立つと、駐車場の隅で出番を待つ櫓が目に入るだろう。プナ本願寺のボン・ダンスは規模が大きく盛大なことで有名で、島内の各本願寺メンバーはもちろん、近隣の人々が集まり2晩続けて踊る。櫓は人が乗れるように頑丈に組まれており、屋根も付いている。

　納骨堂はメンバーによる手づくりで、日中は開放されている。ここの仏壇はオーララ本願寺時代からのもので、大変古く由緒がある。

　寺に貢献したシップマンのメモリアル・ガーデンと石碑は、納骨堂周辺にある。

パホア日系人会館（パホア YBA ホール）

　1890年代からサトウキビ・プランテーションに働く人々がいて、店ができ、病院もでき、町として形成されてきたパホア。しかし、砂糖の需要が減ったために仕事を失った人々が町を去り、人口は減少した。そこへ移住してきたのがヒッピーだった。その結果、パホアはそれまでとは色合いの違う家々、独特な雰囲気の町になった。低収入の人が多い地域だったが、近年は企業誘致等をして再建に取り組み、新しいショッピングセンター、警察、個人商店等が建つようになってきた。

　そのパホアの町中に建つ日系人会館は、ソーシャル・ホール的な建物で「館會年青亜保巴」と右から左に書かれた看板を掲げている。「YBAHall」とも記されている。YBAは、ヤング・ブッディスト・アソシエーション（仏教青年会）の意である。

　宗派に関係なく組織された在留民会のなかの本願寺門徒が建設した会館で、以前はプナ本願寺のサービスが週に1回程度あったそうだ。プナ本願寺のパホア布教所という感じだったらしい。館内壁面にある大きなタンスのようなもののなかに、1931年に日本から購入した仏壇がしまわれている。館長は、パホア日系人会会長のクレイグ・シモダさん。

　1985年には、ここでパホア地区官約移民百年祝賀会が開かれた。しかし日系と言われる人たち、日系であると自負する人たちの数は減っている。日系文化や歴史を伝えていくために、行事等の取り組みや参加は誰でもウェルカムだが、たとえばメンバーに非日系人が入ってもよいのか、日系人がスポンサーであればOKなのか等、日系人会には今ジレンマがあるそうだ。自分につながる祖先たちを敬い、後世につなごうとする思いと活動が、単なるお祭り行事的になってしまわないかという危惧があるという。日本人という意識によって団結した時代は過去になり、アメリカ人である現代の日系人が進むべき道を模索するシーンが、こんなところにも表れている。

パホア日系人墓地

溶岩にとりまかれて残った墓

　現在、道路に面した墓地入り口は、フェンスの門に鍵が下ろされている。私有地であり、関係者以外は立ち入り禁止なのだ。フェンスのなかは盛り上がった溶岩の一帯になっている。その溶岩の上を車が通行できるだけの幅で、帯のように道がつけられている。溶岩を砕いて整地した、応急の道という感がある。道の左右は、黒い塊となって盛り上がる溶岩が起伏のある小山を形成している。車を停める場所は、まさに溶岩流がストップした先端になる。

　墓地管理責任者のキャリー・タノウエさんは、日に焼けた顔に長い銀髪を1つにまとめ、がっしりとした体躯。彼の熱心で精力的な活動は、プナ本願寺が毎月発行する便りにも紹介されている。

　パホア日系人墓地は1905年には250以上の墓石が並んでいたが、年月

を経て無縁仏が増え、いつしか109基になってしまった。そこでパホア日系人墓地の世話をするために、パホア日系人会はお金を出し合い協力して墓石の整理と整備を続けてきたという。

　キャリーさんのほかに、墓地の整理と管理に努力してきた人のなかに、アイコ・サトウ（佐東）さんがいる。この人は墓地の世話を常時していた人で、祖父は鹿児島出身だった。父の代から、墓石に番号を付け、墓地を地図化する等して管理に努めてきた。ところが、2014年の噴火による溶岩流は日系人墓地にも迫り、墓地隅の東屋を除いて墓石をのみ込んでしまった。

　溶岩流は3回押し寄せた。最初の溶岩流が墓石を巻き込んで冷え始めた頃、つぎの溶岩流が襲ってくる。2番目の溶岩流は、固まった溶岩の下にあるまだドロドロと熱い溶岩に潜り込み、墓石を持ち上げた。3度目の溶岩流も下へ潜り込むと、上の溶岩もろとも墓石をうねらせのみ込んでいった。

　キャリーさんが指さす先に、墓石の頭だけがいくつものぞいていた。溶岩の海の、てっぺんまで持ち上げられた墓石がある。溶岩のなかに横たわる墓石の頭もある。異様な光景におののいたが、目の前にあるのは溶岩流が実際にもたらした光景であり、映画のシーンではない。火山の島、ハワイ島に住む現実なのだ。日系人の墓を守ろうと努力を続けてきたキャリーさんやアイコさんたちが突きつけられた、むごい現実である。

　「あのときのラヴァ・フロウ（溶岩流）は、ゆっくりだった。逃げる時間があったから、家は被害を受けても人間の命は助かった。ラヴァ・フロウがどの方向に向かうかもあらかじめわかっていた」

　キャリーさんの家は墓地のすぐそばにある。時速10m程でジワジワと襲ってくる溶岩流は、家の脇を流れた。そして、祖先や子孫のためにと守ってきた墓がのまれていくのを目の当たりにした。「悲しかった」と一言、キャリーさんは乾いた声でつぶやいた。

　キャリーさんの家の墓は、溶岩のなかに姿を消した。一方、アイコさんの家の墓だけは、周囲を溶岩に取り囲まれながらも奇跡的に残った。かろうじて墓石に向かって立つだけの地面もとり残された。もちろん、そこに

立つには盛り上がった溶岩の上を越えねばならない。墓地管理に奉仕してきた彼女であったから、この奇跡は大変な話題になり新聞にも取り上げられたという。そのアイコさんは、

「墓地には、声をかけてくれれば入ってもらっていいのです。でも、許可もなく興味本位で入り込む人がいる。やめてほしい」と思っている。自分の家の墓が残ったことは、彼女にとって喜びや感謝ではないのだ。

キャリーさんは言う。

「ギブアップしなければ、何でもできる。シカタナイ。シカタナイは、Can not help us のこと。Give up じゃない」と。「シカタナイ」は、どうにもしようのないことは受け止めようとする、強い意志なのだろう。きっぱりと諦めてしまおうという潔さなのかもしれない。

ハワイへの出稼ぎを経て移民となった日系人たちは、いくたびもの苦労や哀しみを「シカタナイ」と乗り越えてきたのだろう。そうつぶやいては前を向いた歴史が日系人の精神性を強め、あるいは励ましになってきたにちがいない。

キャリーさんは、2019 年 2 月、溶岩が取り残したわずかな土に木を植えた。まだ 1 m ほどの、パインツリー（松）だ。「木を選びにナーサリーに行くと、この木のほうから自分に声をかけてきたのだ」と、キャリーさんは微笑んだ。松は常緑、大きく育ち、長命。何より日本的でもある。そんなことに惹かれての選択だったのではないだろうか。

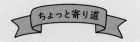

島の最東端・カポホ〜ポホイキ

　2018年5月、キラウエアの火山活動が活発化し、火口から東側に伸びる亀裂から噴火が始まった。溶岩流はプナ地区南東部の住宅地をのみ込み、東へと進んだ。

　6月には島の最東端のカポホ湾を埋め尽くした。

　8月にはポホイキ湾へも流れ込む。海水で急速冷却された溶岩は細かく砕かれ、黒砂海岸が誕生した。かつての船着き場は現在小さな池になり、海側には砕かれた溶岩が堤防のように連なっている。

　2019年4月、固まった溶岩の山を乗り越える形で仮設道路が整備され、パホアから130号線経由でポホイキ湾へアクセスできるようになった。しかし、ポホイキから先、カポホ方面は溶岩で埋め尽くされたままで道路は寸断されている（2020年1月現在）。

　島の最東端に位置するカポホ地区は、かつて大規模な砂糖プランテーションが広がり、サトウキビを輸送するための鉄道も走っていた。1960年当時には100軒ほどの住宅があり、300人ほどが暮らす町があったという。ナアレフ大師堂の項で出てくるマサコ・サカタさんの生家も、1960年の溶岩流で消滅した。

溶岩流にのみ込まれたカポホ一帯。生々しいうねりの形で固まった溶岩のなかに倉庫らしきものの骨だけが顔を出す

プナ地区

ちょっと寄り道

Ka'u
カウ地区

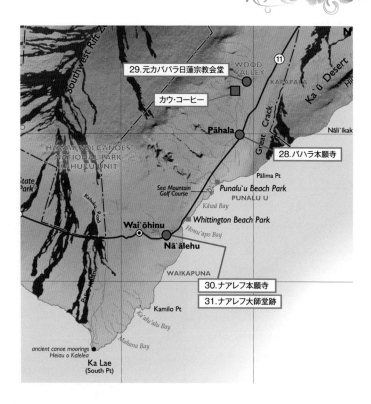

29.元カパパラ日蓮宗教会堂

カウ・コーヒー

28.パハラ本願寺

30.ナアレフ本願寺

31.ナアレフ大師堂跡

　11号線南部の道路には、ときどき舗装の新しい部分が見られる。これは、2018年の火山活動にともなう地震によるひび割れを補修した箇所だ。10秒ほどの揺れだったと報道されたが、地元の人たちには数分間に感じられ

港だった時代の埠頭の残骸が残るホヌアポ湾

たぐらいの大きな揺れ方だったという。被災地域はごく一部であったが、大きく報道されたために観光面でのダメージは大きく、潰れてしまったバス会社もあるとか。過疎地カウに追い打ちをかける痛手となった。

　カウ地区は、キラウエア火山よりもさらに南のエリアになる。行政・観光面で島の中心となるヒロからもコナからも遠く、ハワイ島の僻地になる。もっとも、最南端の地に魅力を感じて訪れる観光客は少なくない。とは言え、ホテルも商業施設もほぼない。土地の人たちの働き口もないので、人口も少ない。非常に辺鄙な地だが、そのぶん田舎の暮らし、特に人々の心情は温かく、人と人とのつながりも深い。

　プナ本願寺の富岡先生は、パハラとナアレフの各本願寺でのサービスのためにプナ本願寺からカウまで往復する。そのとき、いつも「カントリー・ロード」のメロディが浮かぶという。車は、草木、林、ただただ自然のなかを走る。信号のない道に対向車もまれ。明るい日ざしを受けた田舎道は、まさにカントリー・ロードだ。

幾多の災難を乗り越えた
28. パハラ本願寺
Pahala Hongwanji Mission

【宗派】浄土真宗本願寺派
【住所】96-1123 Paauau Place, Pahala, HI 96777
（DMS）19° 11' 53.1" N 155° 28' 25.3" W
【開教使（兼務）】富岡智史先生
【設立】1900 年　【現在の建物】1949 年建設　【メンバー数】15 人

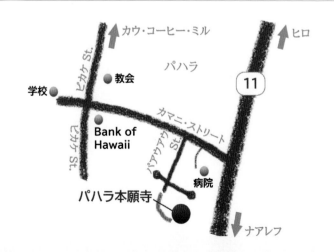

↑カウ・コーヒー・ミル　↑ヒロ
パハラ
ピカケ St.
●教会
学校●
11
カマニ・ストリート
Bank of Hawaii
マキア St.
カマアイナ St.
病院
パハラ本願寺
↓ナアレフ

プナを出発して1時間半ほどでパハラの町に入ると、パハラ本願寺はすぐだ。プナ本願寺の富岡先生が兼務している。

敷地の入り口に、「大正碑」と刻まれた天然石の大きな碑がある。これは、大正天皇の即位を記念して1915年に建てられた。敷地内には、日本様式風の2階建て本堂（1階はソーシャル・ホール）を中心として学校（かつての日本語学校、1956年再建）、庫裏が配置されている。

整備された墓地には、戒名が読みとれないほど古いあきらかに素人の手づくりの墓石もあって、1900年設立というこの寺の古さがうかがわれる。

火災で半身黒く変色した本尊

寺は1942年（1943年説もあり）の不審火で焼け落ち再建されているが、ご本尊の阿弥陀様は火災以前からのものである。1912年に旧ハワイ別院から譲り受けたという本尊は、火中から信徒によって救い出された。火事の煙害を受けたため、半身が黒く変色をしている。

1942年と言えば、日本軍による真珠湾攻撃（1941年12月7日＝ハワイ時間）を境に、日系人に対する圧力や非難が強まった時期である。日系人の思想的リーダーとして影響力を持つと思われた立場の人たちが、収容所送りになるのも真珠湾攻撃直後からだった。

この寺の住職もキラウエアにあった収容所に送られ、寺はアメリカ軍に占領された。日本語学校校舎は陸軍の兵舎に改修される。火事はまさにそんな時期に校舎の階下から出火しており、しかも不審火であった。同時期に、パパイコウ本願寺も不審火で焼失している。日系人を憎むアメリカ人による放火、と考えたくなるのが普通ではないだろうか。だが、「憶測や噂ではアメリカ軍の放火という話はあったが、よくわからない」と、メンバーは話す。「断定できないできごとだ」と言うのだ。

この事件については、アメリカ軍の放火だったとする、映画『ALOHA

寺の歴史をレクチャーするゲイさん

火事で燃え上がるパハラ本願寺（1942年）

BUDDHA』（2011年）がある。ハワイの寺を、インタビューも交えて紹介するドキュメンタリーである。そのなかでは、パハラ本願寺の火事は裁判によってアメリカ軍による放火と断定され賠償金が払われた、となっている。賠償金のほとんどは、弁護士費用に消えたという。映画が無責任に制作されたとは思えないが、かと言って鵜のみにするのもためらわれる。軍による放火なのか、そうでないのか、筆者が判断するのは困難だ。

　戦後、さらなる不幸がこの寺を襲う。1983年の大地震であった。内陣の宮殿等が転倒し、バラバラに崩れるという大きなダメージを受けた。倒れた宮殿は、火災後に寺を再建したときに購入したものだった。10人のメンバーたちは多くの時間と手間を費やして修理した。現在、その宮殿を見たときに、時代経過を感じる箇所とキラキラ新しい箇所が混在しているのはそのためである。

　この寺に住んで管理をしているゲイ・スコットさんは、寺の書記でもある。彼女が出してきたアルバムの写真は、1942年の火災で燃え上がる本堂、1983年の地震で崩れた宮殿、それを立て直す作業の様子等、苦難を乗り越えた寺とメンバーたちの歴史を教えてくれる。

　彼女の話によると、付近一帯はサトウキビ耕作地であったが、1996年にプランテーションが閉鎖されると、土地やハウスが格安で売却された。

　パハラはプランテーションで栄えた地域であり、1980年代には100人のメンバーがいたという。しかし現在は十数人になり、しかも高齢である。

地震で無残に崩れた宮殿（1983年）　　　　　　隣接する墓地

　さらにパハラ本願寺の土地は借地であり、メンバーがいなくなった時点で土地所有者にすべてを返すことになっている。先行きの不安解消には、いかにコミュニティの寺になれるかが求められている。これは、パハラに限らずハワイの寺に多かれ少なかれ共通する課題と言える。

　理事会のグレン・オクムラさんたちは、寺の再生を図って行動を起こしている。その1つが、途絶えていたボン・ダンスの再開である。信徒以外の人たちも来てくれ、数百人が集まるようになっているそうだ。ボン・ダンスは日々の労働のなかでの楽しみであり、若者たちの出会いや地域住民の交流の場にもなっている。

　また、OKK（'O Ka'u Kakou）、「We are Ka'u」を意味するコミュニティ・グループを立ち上げ、信徒か否かに関わらず水道・電気の修理等をサポートする活動も行なっている。

　メンバーたちは寺に対して大変協力的で、寺の施設すべての維持管理も彼らの力によるところが大きい。

　ところで、グレンさんは両親から「Work hard」「Do your best」を口癖のように教えられたという。幼い頃に両親から聞いた日本語で印象深いのは、「ダメ」「バカタレ」「ヤカマシイ」「ジャマスルナ」。言われた子どもにとっては否定的な言葉であるのに、彼はじつに懐かしげに満面の笑顔で話す。豊かとは言えず、家族皆が忙しい暮らしであったろう。子どもたちはそれを十分理解していたし、これらの乱暴とも言える言葉に愛情が含まれているのを感じとれた時代でもあったのだろう。

精神的エネルギーの空間

29. 元カパパラ日蓮宗教会堂
現ウッドバレー寺院
(Nechung Drayang Ling ／ネチュン・ドラヤン・リン)

【宗派】現在はチベット仏教寺院
【住所】96-2285 Wood Valley Rd, Pahala, HI 96777
(DMS) 19° 16' 02.1" N 155° 28' 05.2" W
【設立】1902 年（カパパラ日蓮宗教会堂）
【現在の建物】1902 年の建築物を 1925 年に解体再建

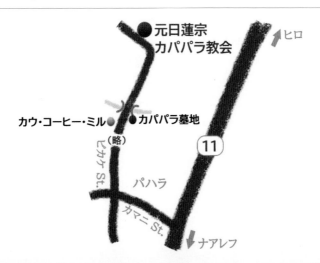

多宗派の仏具が並ぶ本堂

　11号線からパハラ本願寺向きに入る。本願寺前を通り過ぎて交差点を
ピカケ・ストリートへ右折すると、道はくねくね曲がりながら町を抜け、
人家のまったくない森と牧草地らしきなかを進む。本当にこの先に目指す
寺院があるのか疑い始めた頃、カウ・コーヒーの工場兼売店が現れたら道
は間違っていない。ハワイ諸島でもっとも人里離れた地域の1つと呼ばれ
るウッドバレーは、まもなくだ。さらに進むと、森の木のなかに鮮やかな
色がチラリと見えてくる。ウッドバレー寺院だ。

　竹竿に通された幟が目をひく。木から木に渡された小旗の列は、青・白・
赤・緑・黄色。運動会の万国旗のような鮮やかな色には、人間を超えた何
かを求めようとする精神的エネルギーを感じる。それは、人工的な音が一
切聞こえてこない静かな環境に踏み込んだことで、メンタル的に感化され
てしまうせいかもしれない。後で知ったのだが、5色の小旗はタルチョー
またはルンタと呼ばれ、各色に願いが込められているそうだ。小旗が風に
なびくことで読経をしたことになり、マニ車を回すのと同じく、チベット
仏教の信仰のひとつだという。小旗を囲むのは、伸びたいだけ背を伸ばし
た木々。下草は、芝生のように刈り取られ手入れが行き届いている。そこ
に、案配よくモンステラ等の南国植物が育っている。大木群がつくる日陰

を、涼しい風がソフトに流れていく。

　ツツジに囲まれた参拝階段を上がると、正面が本堂になる。扉は15時までは開放されていて、「Everybody Welcome」。だが、あまりの静寂が声を出すのをためらわせる。取り巻く自然を取り込んだ状態で、寺として存在しているからか。

　1902年、ハワイ全島で最初の日蓮宗教会堂が建ったのは、ここカパパラだった。布教地を求めて島々をめぐった高木行運師が、幾多の辛酸の末にたどりついた地である。師は連日連夜、日蓮聖人像を背負った信者とともに各キャンプを回ったという。

　20世紀初頭、カウ地区には日本人キャンプが多く点在していた。ウッドバレーも、日本人労働者の多いプランテーションの村だった。1902年のカパパラ日蓮宗教会堂落成式には、およそ200人もの信徒が集まったという。徒歩か馬、または馬車を使うしか移動手段のなかった時代に、しか

奉安された大曼荼羅と真言宗寺院の太鼓

もカウ地区は10マイルも行かなければ家がなかったという辺鄙な地でありながら、こんなにも多くの日本人が集まったのだ。いかに日本人キャンプ、日本人労働者がたくさん入り込んでいたかが想像できよう。

　教会堂の名称だが、この当時はカパパラ教会堂ではなく、「カウパハラ教会堂」と呼んでいたらしい。カウ地区にあるパハラの意味だ。

　寺は時代とともに無住の時代を幾度か繰り返す。さらに、カパパラのサトウキビ・プランテーションの機械化により仕事をなくした労働者が地区から流出を

する（1960年代後半）と、教会堂は荒れるに任せヒッピーの住み家になってゆく。ヒロに教会堂を移築する案まで出たが実行されなかったのは、「日蓮宗ヒロ教会」の項で述べた通り、財政的な問題があったからだ。

移築された元パハラ大師堂

ついに1975年には、ハワイ島にやって来たチベット僧が寺院と敷地を無償で譲り受けることとなる。それにともなって寺は改装をされたが、基本的な構造は保存されている。たとえば、入母屋つくりの屋根、本堂を囲む広縁、象の頭が端に彫られた横梁等に、伝統的な日本様式が残されて

２階の本堂部分が瞑想スペースに

いる。1982年には日蓮宗ハワイ開教区から大曼荼羅御本尊がこのチベット寺院に奉安されたというから、円満な譲渡であり関係であったと思われる。この大曼荼羅は、本堂に入った左手に飾られている。

建物全体を塗り立てたオレンジ・緑・白・黄色のペンキがまだ新しい。派手で落ち着かない色のはずなのに、神秘や精神的集中を感じさせる不思議な雰囲気がある。

靴を脱いで本堂に入ると、内陣・外陣はほぼ正方形をした10畳間ほど

カウ地区

の広さで、椅子は並んでいない。ここはチベット仏教の瞑想センターであるというが、複数の宗派が混在しているのが仏具等からわかる。漆塗りのスタンドの上に真言宗の紋章がついた香炉、金色の蓮飾りは東本願寺、須弥壇と太鼓は真言宗、曼荼羅額は日蓮宗、3体の仏像はチベット仏教、といった具合だ。タイの寺院を思わせる像も置かれている。

本堂に向かって左につながるのはキッチン。右は庫裏。さらに、左斜め背後の、土地が一段低くなったところに2階建てがある。この建物は、パハラにあった大師堂である。本来はプランテーション・ハウスで、信者の個人宅だった。教会堂が建つ以前、真言宗の布教はこの家の2階を借りてスタートしていた。

その家が1978年にここに移築され、今はゲストハウスとして使われている。内部は、1階に共用のキッチンとバス・トイレ、宿泊者の個室。2階は個室のほかに広い部屋があり瞑想スペースになっている。そこには真言宗寺院であった痕跡が残り、壁に埋め込まれた祭壇棚は明らかに初期寺院のスタイルだ。

1942年の火事で上半身が黒く燻されたパハラ本願寺のご本尊は、本願寺が再建されるまでの7年間、このパハラ大師堂の一角を借りて安置され、本願寺信徒のサービスも行なわれていたという。

本堂前の庭にある日蓮聖人の座像は、薄いショールが肩にかけられてキラキラしたネックレスもかけている。布教の起源から盛衰を経て、今はチベット仏教の瞑想センターになってはいても、日蓮聖人への敬意が払われている。説明板には、「1902年5月18日、レバレント・タカギ・ギョウウンが、ハワイにおける布教を始めた。日蓮宗近代開教発祥の地」と紹介されている。

※『ハワイ日蓮宗80年のあゆみ』（1982年）によると、チベット寺院の名称は「Nechung Drayang Ling（ネチュン・ドラヤン・リン）」というが、政府への届け出の寺名は「Wood Valley Temple」であったようで、電話帳にもWood Valley Templeと記載されている、と記されている。

カパパラ墓地（日蓮宗日系人墓地）

　パハラへ引き返す途中、カウ・コーヒー店と道を挟んだ向かい側近くに、2本のコンクリート柱を持つゲートがある。これは、古い日蓮宗墓地の入口になる。比較的新しい墓石もあるにはあるが、土台だけになったものや溶岩の塊をゴロゴロと積んだだけのものが目につく。

カパパラ墓地入口

　文字が判読できるものには、山口・熊本・福岡の出身者と明治40年代に建てられたものが多い。官約移民に限れば明治18〜27年がハワイに渡った年なので、渡航後わずかな年数で亡くなったことになる。若年や幼児の死亡が多いことからも、当時の貧苦の生活ぶりが想像される。信仰に頼った初期移民たちの墓

カパパラ墓地風景

地である。前述したようにプランテーション閉鎖に伴ってコミュニティは力を失い、墓地は現在ジャングルのなかにひっそりと静まっている。

　2015年、日蓮宗ヒロ教会創立50周年の記念事業として、この墓地の修復作業が行なわれた。

ホヌアポ埠頭跡

現在も骨組みが残っている

　パハラからナアレフへ向かう途中、11号線をプナルウ黒砂海岸入口からさらに5マイルほど南下すると、ウィッティントン・ビーチパークの標識が見えてくる。ウィッティントン・ビーチパークは、ハワイ島で最も古い製糖会社の1つであるハッチンソン・シュガー・プランテーション社（カウ・シュガー社）の製糖工場があった場所だ。

　駐車場に車を停め、そのまままっすぐ歩いて行くと、その先に埠頭跡が見えてくる。砂糖はこの埠頭からアメリカ本土へ出荷された。その出荷量は世界一を誇った時代もあったという。ハワイ島で最後に残った製糖工場であったが、1996年3月に閉鎖。ハワイ島における砂糖の生産が終了した。

　「カウの聖人」といわれる菊池智旭師がハワイ島に上陸したのは1907年7月15日、ここポヌアポ港だった（菊池師についてはP194参照）。

アメリカ合衆国最南端の寺

30. ナアレフ本願寺

Naalehu Hongwanji Mission

カウ地区

【宗派】浄土真宗本願寺派

【住所】95-5695 Mamalahoa Hwy, Naalehu, HI 96772

(DMS) 19° 03' 34.6" N 155° 35' 23.3" W

【開教使（兼務）】富岡智史先生

【設立】1900 年 【現在の建物】1980 年建設 【メンバー数】 20 ～ 30 人

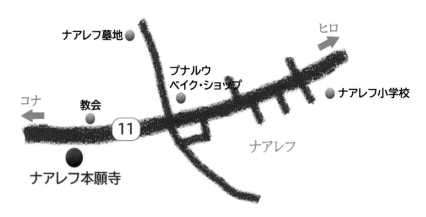

ナアレフ墓地

ヒロ

プナルウ
ベイク・ショップ

コナ

ナアレフ小学校

教会

11

ナアレフ

ナアレフ本願寺

日常の本堂内　　　　　　　　クリスマスの本堂内（キリスト教徒が使用）

　ハワイ島の僻地、ナアレフはハワイ諸島の最南地点であり、まさにアメ
リカ合衆国の最南端にあたる。合衆国で一番南のパン屋さんとして有名な
「プナルウ」をご存じの人も多いだろう。

　パハラからさらに南へ30分。火山島の自然の中をひたすら走ると、延々
と続く田舎道が車窓を流れる。ナアレフ本願寺は、プナルウ・パン店を過
ぎた左にある。合衆国で最南端の日本仏教寺院だ。

　この寺の建築は、四角い箱形をした倉庫様式になっている。建物前面
に「キクチ・ホール」（Kikuchi Hall）とあるのは、4代・6代目の開教使、
菊池智旭師に由来している。

　もともとのナアレフ本願寺は、プナルウ・パン店がある交差点の現ショッ
ピングセンター（土地の人はそう呼ぶが、店舗が数軒並ぶだけ）の場所に
1902年に建てられた。土地は、プランテーション会社から年間1ドルで
借りていた。ところが、ショッピングセンターを建設するために移転を要
請され、東側の隣地に移転した。そこには今、当時のソーシャル・ホール
だけが残り、個人の倉庫として利用されている。

　その後、本願寺が現在地に土地を買い取り、プランテーション会社が2
万ドルを出して整地をする契約で移転をしてきた。1980年のことである。

　この寺は、キリスト教 THY-Word Ministries の集まりにも貸している
ので、キリスト教徒が使うときは、その都度、スライド式の戸を引いて仏
壇を隠すことになる。

　ハワイ島の仏教寺院は、キリスト教会のように日曜ごとのお参りをする

が、この寺のサービスは毎月第2月曜日になっている。プナ本願寺の富岡先生が兼任している寺だが、プナから来るには2時間もかかるから曜日を変えているのだろう。また毎週水曜日には墨絵・ヨガ・瞑想教室が開かれている。

　本尊や宮殿は最初の寺から受け継がれてきたので、100年を優に超える由緒ある品々だ。花鳥が華やかにあしらわれた欄間は、1世の松本さんからの寄贈と聞く。明治・大正期の、とりわけ1世世代は困苦のなかで労働に明け暮れる生活だった。収入とてわずかななかから、信仰心の発露として寺への寄付をしたのだ。故郷に帰れぬまま、異国の地で困難と闘う日々に、仏教の教えはまさに光明であったことだろう。

　建物内に仏教寺院らしい内装がないので、およそ本堂の概念とはかけ離れているが、壁面にはどの本願寺とも同様、歴代開教使の写真、西本願寺現ご門主の写真と「自信教人信」の扁額が掲げられている。

　メンバーは現在20〜30人と少ないが、寺へのボランティアに積極的に活動している。その1人、イワオ・ヨネミツさんは96歳（2019年）。日系人だけで組織されテキサス大隊救出のために闘った、あの442部隊の生き残りである。

　富岡先生曰く「頭がよくて、しかも聖人のような人」。戦後、サトウキビのプランテーション会社に勤め、カウ地区のプランテーションがハマクア・シュガー・カンパニーと合併したときには、会社のトップグループにいた。妻のアリスさんは、元年者の曾孫である。『元年者乃子　生存者十三名』（1968年、ビショップミュージアム）という冊子には、彼女の曾祖父・佐藤徳次郎夫婦と子どもたちの写真が掲載されている。「徳次郎は、土地の女性と結婚した。獣医のトミゾウとともに、モルモン教に改宗した」と、アリスさんは言う。

　イワオさんとアリスさん夫婦は、ナアレフ本願寺とプランテーションに関連する写真や文書、地図等の貴重な資料を保存している。当時のプランテーション地図から昔の寺の位置を確認したり、今の土地利用と比較したりと、イワオさんの記憶と分析力はすばらしい。

　サトウキビ産業はハワイ島の一大産業であった。しかし、甘味料として

ナアレフ本願寺のメンバーさんと

全米最南端のパン屋と富岡智史先生。ここは元
プランテーション・マネージャーの建物だった

重視されなくなり、また労働賃金の安さを求めて南米に工場が移転してい
くなどして、ハワイ島のサトウキビ・プランテーションは衰退していった。
それに伴って、跡地の売却・転用や人の流出も起きたという。

　余談になるが、プナルウ・パン店のレストランコーナーは、観光客ばか
りでなく地元の人も利用している。店らしい店のない地域だから当然と言
えば当然、地区の社交場でもあるようだ。駐車場に面したパン製造工場部
分は、かつてのプランテーション・マネージャーの建物だったそうだ。

　余談をもう１つ。「僻地の田舎だから、みんな家に鍵をかけていない。
何かもって訪問したのに鍵がかかっていたりすると、なんで締めているの、
となる」とか。開放的かつ親密な人間関係が存在するのは、いかにもハワ
イ的だと言える。しかし、この地にはそれだけではない土壌がある。

　大きな町から遠く離れた交通不便な地。そこにはシュガー・プランテー
ションで働いた日本人移民が多く住んでいた。困難な生活を、助け合いと
絆で乗り越えてきた歴史がある。それらが紡ぎ出した風習であり精神では
なかろうか。

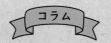

442戦闘部隊と第100大隊

　442戦闘部隊と第100大隊は、第2次世界大戦下のヨーロッパ戦線で、アメリカ人として勇敢に戦った日系人部隊である。その経緯をまとめる。

　1941年12月7日（ハワイ時間）、日本軍は真珠湾を奇襲した。当時のハワイには、日本政府の斡旋で移民した日系移民30万人が暮らしていた。アメリカ市民である2世たちは、人種や血統を超えて母国アメリカのために忠誠を尽くすのは当然と考えた。また、日系人に向けられていた人種偏見をはね返し、対等なアメリカ市民としての立場を得るためには戦場で勇敢に戦うしかない、と軍隊に志願する。こうして生まれたのが第100大隊である。1942年、ハワイの日系2世だけで編成された。

　しかし、敵対国である日本人を祖先に持つことから、彼らは前線には送られず、アメリカ本土で半ば隔離的な訓練だけにとどまる。半年後、日系志願兵による442戦闘部隊が第100大隊とは別に編成される。この部隊は、ハワイとアメリカ本土の日系2世を混成して編成された。

　1943年9月、第100大隊がイタリア戦線に投入される。翌年1月、モンテ・カッシーノの激戦で第100大隊は兵力の半分を失う。それでも進撃を主張。

　「俺たちが戦っているのはドイツ軍じゃない。差別や偏見と戦っているんだ」と、言い放ったという。

　1944年6月、442戦闘部隊がイタリア戦線に到着すると、第100大隊は442戦闘部隊に編入される（第442連隊となるが、第100大隊の名称は継続）。

　10月、ドイツ軍に包囲され孤立していた「テキサス大隊」を救出。211人を救出するために、第442連隊の216人が戦死、負傷者は2000人（うち600人が重傷）であったとも言われている。

　作戦に参加したダニエル・イノウエ（のち上院議員）は、「言わば捨て駒。だが、私たちはそれを歓迎した。日系人の価値とアメリカへの忠誠を証明するチャンスだったから」と、当時を回想した言葉が残っている。

442部隊の話をするイワオさん（ご自宅にて）

　1945年4月、第442連隊は5か月間膠着状態だったドイツ軍の防衛線ゴシックラインを32分で攻略、突破する。この日系人部隊には、わずかながら在米の朝鮮人兵士も含まれており、上層部は朝鮮人兵士に別の部隊への異動を勧めたが、「ここでは、日本人も朝鮮人もない。みんなアメリカ人だ」と拒否された、という話も伝わっている。

　最終的な第442連隊の死傷者数は9486人、死傷率はなんと314％（のべ人数）になった。つまり、ほぼ全員が何らかの負傷を負ったという数字である。

　ナアレフ本願寺の項でふれた、イワオ・ヨネミツさんは442戦闘部隊の生き残りであり、当時をつぎのように振り返る。

――私はヒロ高校を卒業後、1941年9月にハワイ大学マノア校のティーチャーズ・カレッジへ進学した。当時、ハワイ大学の学生たちはROTC（予備士官訓練）という訓練兵の部隊に2年間所属することが義務付けられていて、私もその部隊に入った。大学入学から3か月後、アラモアナ・ビーチをパトロールしていた、ちょうどそのときに、日本軍による真珠湾攻撃があった。1か月後、日系人学生だけが訓練兵から外され、突如解任。ナアレフに戻った。

　442戦闘部隊に志願したのは1943年。19歳10か月だった。日本人コミュ

ニティの有力者たちが来て、アメリカに忠誠を示すよいチャンスだと言われ、会議の終わりには契約した。誰にも相談しなかった。若かったからね、迷うことはなかった。ハワイの日本人コミュニティに役立つことだからね。もちろん両親も志願することを知らなかった。志願したことを伝えると、「一生懸命やりなさい」と言われた。私の両親はハワイに来て40年が経ち、「日本人だから……」という意識ではなく、日本人でもありアメリカ人でもあるという感覚だったと思う。

　私たちの部隊には250人のメンバーがいたが（キャンプ・シェルビーでの訓練後、イタリアとフランスでの作戦に従軍）、そのうち50人が戦死した。多くの者が重傷を負った。今でもキャンプ・シェルビーからの彼らのことを鮮明に覚えているよ（と、442戦闘部隊メンバーの初々しい顔写真と名前が並ぶ、卒業アルバムのような冊子を眺める）。私は22歳のときに退役。その後、大学に戻ることも考えたが、結局、ナアレフのプランテーションで仕事をすることを選んだ。

　戦前は、日本人の地位は低かったね。選挙等も実質白人だけの権利だった。戦後は、日本人の地位が明らかに向上した。選挙だけでなく、仕事の面でも待遇がよくなった。私はプランテーション会社に入り、自分の稼ぎだけで生活できたからね。賃金が保障された。だから、子どもたちを大学まで進学させることもできた。会社では、大学を卒業していない私が、部署のトップになれた。戦前では考えられないことだ——

　2世たちの戦場における功績は、アメリカへの忠誠心の表明となった。彼らの命をかけた想いは、日系人の社会的認識度を向上させ、白人と同等にアメリカ社会を構成する人種であると認めさせたのだ。

　イワオさんは1987年、退職。退職後も1994年まで顧問としてプランテーション会社に関わった。しかし、プランテーション閉鎖後、多くの人は仕事を求めヒロへ流出。職を求め遠隔地の仕事場へ通う人も出たという。その後、かつてのサトウキビ耕地は島外の中国人や資産家に買い取られ、コーヒー栽培や牧場としてリースされた。求人につながる会社ではなく、土地の人々に仕事を与えるという改善にはつながらなかったとも言う。

菊池智旭
きくちちきょく

菊池智旭

　1876（明治9）年、佐賀県に生まれた菊池智旭は、中学校教諭を経て浄土真宗本願寺派の開教使として31歳でハワイに渡る。

　1907年、彼を乗せてホノルルを出帆した小蒸気船は、3日間かかってカウのホヌアポに到着した。当時、ホノルルからホヌアポへの船便は月に3便しかなかった。ヒロ港に着く便もあったが、そこからナアレフまでは75マイルもの陸路である。それほどにナアレフは、辺境の地であった。

　桟橋まで出迎えた十数名の信者とともにナアレフ本願寺に入ったが、庫裏は四囲の壁も床も荒板を並べただけ、上下四方から隙間風が遠慮なく吹き込む有様であった。

　彼は、本願寺所在地のナアレフとパハラのほかに、遠くは14～15マイルにあるキャンプを、馬に乗って布教や法要に回った。その上、寺の学校での仕事もあったので、ナアレフ・パハラ間を頻繁に行き来した。ほとんど溶岩に覆われた道で、あるときは落馬して全治10か月の重傷を負ったこともある。智旭重傷の報に、京都の本山では「若いのにかわいそうなことをした」と葬儀の話が持ち上がった、という。

　初期の布教の困難は、住居や交通だけではなかった。もっとも困難であったのは、彼がキャンプを訪れると「坊主が来た、塩をまけ」と追い払われる等、法話を聞こうとする者がいないことであった。賭け事、けんか、女性をめぐる騒動も頻繁に起きていた。しかし、彼の根気と熱意が功を奏し、

旧ナアレフ本願寺で開催された創立35周年記念式典（1934年）の記念誌より。260人を超えるメンバーが写る。菊池師は、見開き中央右側、稚児集団の後ろ。（イワオ・ヨネミツ氏所蔵）

また呼び寄せ婦人が増えたり、浄土真宗に縁のある県からの移民が増えたりして、布教活動は落ち着いていく。菊池師と信者たちの間には、片田舎において家族的ともいえる親交が宗教を通じて培われていった。

　ところが、真珠湾攻撃（1941年）翌日の深夜、突然ボルケーノ収容所に連行抑留。さらにアメリカ本土で4年間抑留される。

　戦後、カウに戻った彼を待っていたのは、火災で焼け落ちたパハラ本願寺の再建だった。これには信徒たちの熱心な勤労奉仕と物資提供が寄せられ、寺は見事に再建される。

　僻村の寺での貧しい彼の暮らしぶりに、今村恵猛開教監督からはホノルルへの転任を再三勧められるが断り通す。後年（1953年）にはハワイ開教区の総長候補指名も断り、現職の引退表明をする。足かけ50年にわたるナアレフとパハラでの精魂こめた活動は、「カウの聖人」と呼ばれるのにふさわしいものであった。1964年没。

（写真：『菊池智旭遺稿集』1966年より）

31. ナアレフ大師堂（跡）—廃寺—

Naalehu Daishido

【宗派】高野山真言宗

【住所】95 Naalehu Spur Rd, Naalehu, HI 96720

(DMS) 19° 03' 31.9" N 155° 35' 05.0" W

【設立】1907 年　【閉鎖年】不明（2003 年以降に閉鎖）

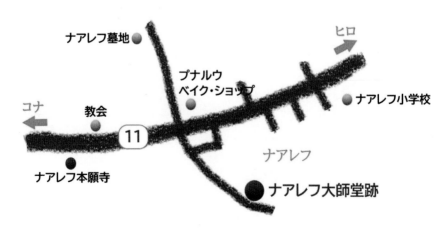

大師堂唯一の遺物・手水鉢

　ナアレフ本願寺からプナルウ・パン店に向かい、ショッピングセンター
の角を右折する。2代目のナアレフ本願寺があった場所から、未舗装路を
さらに奥に進んだ左に大師堂跡はある。

　ここへ案内してくれたサカタ・マサコさんは、ナアレフ本願寺のメンバー
だが、大師堂がまだ活動していた幼い頃によく来て遊んだ懐かしい場所だ
という。

　ナアレフ大師堂は1907（明治40）年に、ハワイ島で初めて建立された
大師信仰の道場だった。一時は、ナアレフ在住のほとんどの日本人がメン
バーであったという話もある。ナアレフの日本人宅68戸中、53戸がメン
バーであったらしい。高野山本山から大師本尊を奉安したというが、今は
お堂が姿を消した跡地にケーングラスが侵食し、周辺の草を刈り取られた
コンクリート製の手水鉢と参道の一部だけがかろうじて残っている。

　手水鉢は古いものだから残されたというが、斜めにひびが入っている。
前面に彫られた「水清」、左サイドの「昭和三年」、右サイドの「一月廿五日」、
裏側の寄進者4名の名前は、腐蝕した刻字を指先でなぞってやっと読める。

　奥の隣地はナアレフ本願寺を借りている THY-Word Ministries の教会
建設予定地。すでに土地が整備され、まもなく工事が始まるらしい（2020
年1月現在）。

Kona
コナ地区

Honokōhau Harbor
Honokōhau Bay
Old Kona Airport
State Recreation Area
Kaiwi Pt
Kailua Bay
**Historic Kailua Village
(Kailua-Kona)**
Hōlualoa
Huliheʻe Palace
Laʻaloa Beach Park
Kahaluʻu Beach Park
lifeguard
Keauhou
Birthplace of Kamehameha III
Kaukalaʻelaʻe (Pt)
Kona Country Club
Honalo
Kainaliu
Kealakekua
Kona Historical Society
The Club at Hokuliʻa
Captain Cook Monument
Keawekāheka Pt
Captain Cook
Greenwell Farms
Kona Coffee Living History Farm
Kealakekua Bay
State Historical Parks
Kealakekua Bay
Hikiau Heiau
NĀPOʻOPOʻO
Puʻuhonua Pt
Puʻuhonua o Hōnaunau
National Historical Park
Kauhakō Bay
Loa Pt
Hōnaunau
Keālia
HOʻOKENA
Hoʻokena Beach Park

Puʻili Mamalahoa Hwy
Hawaiʻi Belt Rd

32.ホルアロア本願寺布教所跡
33.コナ高野山大師寺
34.コナ大福寺
35.コナ本願寺
36.ケエイ寺跡

Mauna Loa Observa
(NOAA)

MAUNA LOA
13,679 ×
Mokuʻāweoweo
Caldera

　ハワイ島には、サトウキビ・プランテーションのほかにも日系移民の足跡を残すものが多い。島の西側に位置するコナ地区に、およそ20キロにわたって延びるコーヒー・ロード（180号線）もその1つである。

　車を走らせていくと、コーヒー栽培と小売りをする農家が次々と現れる。道路沿いに立つ控えめな看板の名前を見れば、そのほとんどが日系人の経営だとわかる。

コナの海に向かう急傾斜とコーヒーの花

　19世紀前半から、ハワイではコーヒー栽培が始まっていた。しかし、19世紀後半に入るとサトウキビ栽培へと変わっていく。コナも同様であったが、この地の気候・土壌・地形はサトウキビ栽培には向いていなかった。

　そこでプランテーション経営者は、耕地を細かく分けて小作人に貸し付けるようになる。サトウキビ・プランテーション労働者出身の日本人たちは、このときに自分の農園を持ちコーヒー栽培を始めるようになった。それが、世界に名だたるコナ・コーヒーの萌芽となる。

　20世紀になると、コナでのコーヒーはその約8割を日系人が生産するようになる。さらにその時代、コナの町には日系人が経営するホテルやストア等も増えていく。そのうちのいくつかは現在でも残っており、コナは日系移民との関わりを強く感じさせる地域である。

　サトウキビ栽培の時代を象徴するものに、「興業の碑」と紺野登米吉を挙げることができる。「興業の碑」は、ホルアロアの南外れにある日本人墓地の入口に建つ大きな碑で、日本人最初のサトウキビ・プランテーション経営者となった紺野登米吉を讃えている。

　コナ地域では、サトウキビからコーヒー栽培への変遷期を多くの日本人移民の労働が支えた。そして、日本人町とも呼べる町を形成した。そんな彼らと開教使との努力によって、日本仏教の寺も建設されていく。

日系人口全盛期に建てられた

32. ホルアロア本願寺布教所 (跡) ―廃寺―

Holualoa Hongwanji Mission

【宗派】 浄土真宗本願寺派
【住所】 76-5945 Mamalahoa Hwy, Holualoa, HI 96725
(DMS) 19° 37' 07.6" N 155° 56' 54.1" W
【設立】 1902 年 【閉鎖】 1980 年頃

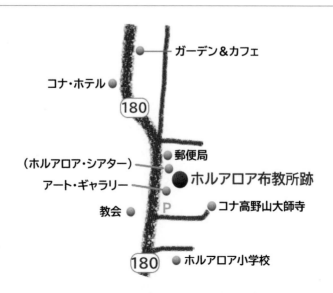

ガーデン＆カフェ
コナ・ホテル
180
郵便局
（ホルアロア・シアター）
アート・ギャラリー
ホルアロア布教所跡
教会
P
コナ高野山大師寺
180
ホルアロア小学校

カイルア・コナから180号線（ママラホア・ハイウェイ）を南下する。道路沿いにある有名なコーヒー農園は、北から「フラ・ダディ」「ドトール」「ＵＣＣ」と続く。コーヒーのテイスティングを楽しみながら進めば、ホルアロアに入る。町の中心部にホルアロア・シアターとギャラリーがあり、その間に、「HOLUALOA HONGWANJI MISSION」の看板が立っている。コナ高野山大師寺の数軒手前になるので、気づかず通り過ぎても少し引き返せばすぐに見つけられる。

　このお寺は、1902年にコナ本願寺の布教所（支部寺院）として落成した。

　ホルアロア周辺では1890年頃から大規模なコーヒー栽培が始まっており、契約期間を終えた官約移民たちがコーヒー農場の労働者として流入していた。ところが、1899年にコーヒー市場が暴落し、大規模なコーヒー・プランテーションが閉鎖。その前年に設立されたばかりのコナ・シュガー社が彼らの最大の雇用主となる。

　一方、経営が悪化したコーヒー・プランテーションの農園主は、広い農場を分割して貸し、地代をコーヒー豆で徴収するというシステムを始める。すると、砂糖プランテーションでの契約期間を終えた日系移民たちがコナに集まるようになり、1910年には少なくとも日系人のコーヒー農家が400戸あったという。コーヒー農園が人を雇うことなく家族経営でまかなえるサイズであったこと、そこに必死に努力し勤勉に働く日系人が関わっていたことが功を奏したのかもしれない。

　こうして、ホルアロアはコナで最も賑やかな町へと発展していった。コナ歴史協会によると、1890年に約70人（コナ人口の2%）しかいなかった日本人が、わずか10年間で約1600人（コナ人口の28%）に急増している。ホルアロアに布教所が建てられたのは、ちょうどこのようなときであった。

　ホルアロア本願寺布教所は1980年代までコミュニティの中心として機能し続けたが、残念ながら閉鎖。現在はコナ本願寺が管理、個人に賃貸している。

33. コナ高野山大師寺
（ホルアロアハ十八ヶ所）
Kona Koyasan Daishiji Mission

【宗派】高野山真言宗
【住所】76-5945-A Mamalahoa Hwy, Holualoa, HI 96725
（DMS）19° 37' 05.9" N 155° 56' 51.0" W
【開教師】宮崎弘雅先生　【設立】1924 年
【現在の建物】1972 年建設　【メンバー数】40 人ほど

ホルアロアの町の中心部近く、旧ホルアロア本願寺布教所（現廃寺）のすぐ南にある。道路沿いに建つ「大正拾四年七月創建　新四国八十八ヶ所霊場」と彫られた大きな石柱は、前を通りかかれば誰の目にもとまるだろう。ただ、モンステラの葉に隠されていて見えない時期があるので、目印にするには要注意である。

コナ地域には、1910年代から20年ほどの間に多くの大師堂が建てられていった。

大師堂のほかに八十八ヶ所等もつくられたが、1963年にホルアロア八十八ヶ所を本拠地として5か所の大師堂を統合し教団を発足する。これが、この項で紹介するコナ高野山大師寺の前身になる。

「新四国八十八ヶ所霊場」
と彫られた大きな石柱

しかし、1968年の集中豪雨による山津波のために、ホルアロア八十八ヶ所は壊滅状態となった。その土地を購入した教団は、新寺院建設に着手。高野山より「コナ高野山大師寺」の山号・寺号をもらい、1972年に落慶法要が営まれた。ホルアロア八十八ヶ所の開基は武田光道師であるが、コナ高野山大師寺の開基は芝覚雄師とされる。

和風の住宅様式になった本堂の左右に喚鐘がある。どちらも現役で使われている。別棟の納骨堂（1984年建立）は、本堂の右手になる。本堂と納骨堂の間を奥に進むと、創設者である武田光道師を含む3基の墓がある。

広島県出身の武田光道師（武田光次郎）は、コーヒー事業のかたわら無籍の僧として熱心に信仰を捧げ「大師武田」と呼ばれていたが、1924年に一時帰国して僧籍を得た。ホルアロアに戻り、所有していた3.5エーカーの土地を教団に提供し「四国八十八ヶ所」を建設する。当時、ホルアロアで発行されていた新聞『コナ反響』に広告を出し、「入口に御堂を新築し、大回りに八十八ヶ所を設立し、中央地を墓地に願い不幸亡者の霊をなぐさ

創設者・武田光道師を含む3基の墓碑

本堂内

むる」と趣意を述べている。

　コナ高野山大師寺は、全体的に控えめな印象の建造物だが、本堂内は本尊の弘法大師像を中心として真言宗の仏具と装飾品でいっぱいだ。

　この寺は護持会費を集めていないが、メンバー数は40人ほど。彼らは大変信心深く、毎週日曜日にやってくる。寺への奉仕作業もよくする。メンバー数は減ってきているが、それは宗教に無関心だからではなく、ハワイ島に仕事がないために、オアフ島や本土に出て行く人が多いからだと開教師の宮崎弘雅先生から聞いた。

　さて、本堂に上がる階段の右にある石には、ユニークな謂われがある。この石は釣りの神様で、メンバーは仏様と同じように花を供えるというのだ。宮崎先生の話では、釣りに限定せず海に関連するすべての神様だそうだが、いつ・どこから来たものかは先生にもわからない。真言宗は地元の神々を受け入れる長い歴史を持っていると聞くから、宗教的寛容の好例といえよう。それにしても、メンバーたちの感覚はまったくハワイアンである。

　地域一帯は土地開発が進み、島外に出て行く人が増える一方、島外からの移住者は増加した。次第にコミュニティの色合いが変わり、絆は薄れてきた。同時に盗難等の事件が増えていて、寺も2回被害にあったという。

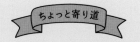

ホルアロア日本人墓地

紺野登米吉

看板と碑が目印

　コナ高野山大師寺から 180 号線ママラホア・ハイウェイを南へ少し車を走らせると、右手に墓地が見えてくる。1886 年に元首相・齋藤實の実弟・斎藤省吾がコナで死去したことが契機となり設立された墓地で、コナ地区で最も古い。この墓地の入口に建つのが、コナ地区の冒頭でふれた「紺野登米吉君興業之碑」だ。

　紺野登米吉は岩手県の出身。東北学院で工科を学び、私約移民最後の年となる 1899（明治 32）年にハワイへ渡航。パパアロア製糖工場で請負業や測量士として働いていた。1915 年に西布哇鉄道とコナ開拓会社を買収。製糖会社「コナ開拓株式会社」の経営に乗り出し、ハワイで唯一人の日本人耕主となる。その頃は糖価の高騰もあり経営は順調だったようで、ルイジアナ州立大学へ留学生 3 名を無償で派遣したり、母国観光団を組織して日本人学校の生徒 16 名を日本へ渡航させたりしている。1925 年死去。47 歳の若さであった。

　次世代の育成に力を注ぎ始めた紺野はどんな夢を描いていたのだろう。墓地に立って碑を見上げると、社会的地位向上をめざして懸命に生きた時代の日系人たちの姿が浮かび上がるようだ。

34. コナ大福寺

Kona Daifukuji Soto Mission

【宗派】曹洞宗
【住所】79-7241 Mamalahoa Hwy, Kealakekua, HI 96750
(DMS) 19° 32' 32.2" N 155° 55' 42.2" W
【開教師】ジコウ・ナカデ（中出慈光）先生
【設立】1914年　【現在の建物】1921年建設　【メンバー数】約230ファミリー

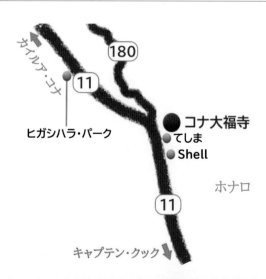

カイルア・コナから11号線を南に向かうと道路がぐんぐん登りになり、上がりきったところで右にカーブする。大福寺はその地点の左にあり、「てしま」のおばあちゃんで有名な、てしま食堂の隣になる。

本堂

1915年、初代開教師の児玉介石師が寄付を集めて今の位置より北に小さなお堂を建てたのが始まりで、白峰山の山号も付けられた（ヒロ大正寺も同じ山号だが、それよりも先）。それ以前（1914年）に、児玉師は花渡商店の2階を借りて布教を始めている。花渡商店は、大

「お砂踏み」のときの観音堂

福寺隣にある「てしま」の静子おばあちゃん（P210参照）の実家だった。

現在の場所に寺が建ったのは1921年。本堂はケアウホウ・ストアの佐々木芳助が設計、ラウパホエホエ浄土院を建築した池之内照義が棟梁として建設に携わった。その後、追加拡張を重ね、本堂のほかに庫裏、ソーシャル・ホール、カルチャー・ホール、納骨堂、火葬場（今は使われていない）、墓地も備える大寺院になった。メンバー数も約450人と多い。

白とえび茶色を基調にした建物は、ハワイの絵はがきに使われたほど魅力的で、ハワイ州とアメリカ合衆国の歴史登録財に指定されている。第2次大戦中は、この寺でも開教師が抑留され、寺院は軍に占領された。

日本に留学経験のある中出慈光尼は、柔らかな笑顔を絶やさない先生で

まさに美術品「布哇観音」

島の人たちから尊敬されている。観音様のようだとたとえる人もいるぐらいだ。その印象は、筆者が初めて大福寺を訪れた7年前から、常に変わらない。

本堂に入ると、正面の落ち着いた祭壇が迎えてくれる。内陣の柱や梁は、木目の美しいコア材でできている。祭壇もコア製。高い位置にまつられた座像の本尊、釈迦牟尼仏が中心で輝く。

内陣の右には、菩提達磨大和尚(ぼだいだるまだいおしょう)と大権修理菩薩(だいげんしゅりぼさつ)の木像がある。

外陣の壁には、大福寺の歴史的写真とともにいくつかの絵が飾られている。そのうちの4枚は野生司香雪(のうすこうせつ)による絵だ。仏画家の香雪(1885～1973)は、インド政府の依頼でインドのサルナートにある寺の壁画を制作した人である。

本堂内の左は観音堂で、その前室は図書室とレクチャー室を兼ねている。ここでは仏教クラスも開かれる。戒律についての講座で、受講者はハワイの日系人、地元ハワイの住民、アメリカ本土から移住してきた白人、インド人、ドイツ人、日本から若くして永住した人たち等、様々な民族の人々で構成されている。教えるのは慈光先生。

観音堂にはシックな内陣と祭壇、観音様が配置されている。黒い厨子のなかの観音は非常に細かな細工を施されていて、美術品の観がある。この観音像は、第30代総理大臣を務めた斎藤實(まこと)らによって寄贈された。斎藤の弟は19世紀末にハワイに来ていたが、滞在2年にして亡くなりこの寺の墓地に埋葬された。斎藤は内大臣時代に二・二六事件（1936）で暗殺されたが、生前すでに観音像の制作を手配しており、事件の翌年に大福寺に奉納された。そんな謂われを持つ像で、「布哇観音」と呼ばれる。

「お砂踏み」の巡拝

墓地の風景

　この観音像の左右に、それぞれ16体と17体、あわせて33体の仏像が並んでいる。春の彼岸の1週間だけ堂内に広く配置されて、西国三十三所めぐりが行なわれる。小さな仏像ではあるがすべて寄進されたもので、滋賀・京都・大阪・奈良……等の高名な寺の名前が記されている。1体ごとの前の床に白い袋が置かれ、そのなかに、1世たちがそれぞれの寺から持ってきた土・砂が入っている。拝観者はこの袋を踏んで拝むので、「お砂踏み」と呼ばれている。

　観音堂は、占領中に軍の通信センターとして使用された。窓ガラスに曇りがあるのは、このときに黒く塗りつぶされていた箇所である。

　2019年、建物のベース部分に新しいショップがオープンした。大福寺の名前が入ったTシャツや書籍等を売っているが、日本語で書かれた古い本もある。「おじいちゃんの遺品の本だが日本語は読めないので」といった事情から、遺族が寄付することがあるそうだ。寺のバザーで売って資金にしてくれ、という意味で寄付される。寄付されたものをバザーはもちろん、普段はショップで販売している。

　ここで筆者は、かねてから探し求めていた『ハワイ日本人移民史』の初版本（1964年発行）を考えられない安価で手に入れた。ネットを使って探すと1万から3万円はするのだが、なんと10ドルだった。ショップの開店は曜日と時間帯が限られているので、調べてから行った方がよい。

「てしま」の静子おばあちゃん

レストラン「てしま」

「てしま」のおばあちゃんこと手島静子は、1907年コナ・ホナロ生まれの日系2世。106歳で生涯を閉じるまでコナ大福寺隣の日本食レストラン「てしま」の看板娘であり、店の大黒柱であった。彼女を取材したドキュメンタリー番組が日本でも放送されたので、ご存じの方も多いだろう（2009年BSジャパン、2012年テレビ東京等）。

　彼女の父・花渡剛一（はなと）は、広島から官約移民としてハワイに渡り、同じく広島からピクチャー・ブライドで迎えた妻（森島喜久）と結婚した。2人が営んだ花渡商店を手伝いながら、静子は商いを学んでいく。花渡商店は現大福寺と道を挟んだ向かい側辺りにあったという。

　19歳で手島文雄と結婚。両親から店を受け継ぎ「手島商店」を開く。手島商店は雑貨屋だったが、コナにまだ電気が通っていない時代にアイスクリームを手づくりして販売した。やがて店内のサイミン※・スタンドが人気となる。さらに、第2次大戦中、アイスクリームを買いに来た兵士たちからハンバーガーのつくり方を教わり、ハンバーガー・スタンドへと手を広げる。軍に接収されていた大福寺は軍の通信センターとなっており、お腹を空かせた若い兵士たちがよく店に買いに来ていたという。

　1940年代に「てしま食堂」を開業。現在地に移ったのは1957年だった。安くてボリュームのある料理が評判になり、家族経営のこの食堂は繁盛。孫、ひ孫らで切り盛りされる今も、人気を誇っている。

　彼女と大福寺との因縁は、てしま食堂と大福寺が隣接していること以前に始まっている。

定食は安くてボリュームがあると評判

　大福寺の創設者となる児玉介石師が東京の大福寺からやって来て、静子の両親が経営する花渡商店の２階に滞在するようになったのは、彼女が７歳のときだった。おそらく両親が曹洞宗の信徒であったのだろう。静子の記憶によると、未婚の僧侶であった児玉師は、花渡商店を拠点に、古い靴を履いて黒い傘を持ち、日々布教に奔走していたという。４年間滞在した児玉師がお経を唱える声は、生涯静子の耳に残っていたようである。

　静子が13歳のときに現在の大福寺が完成する。彼女は目と鼻の先にある大福寺へよく通い、勉強も教えてもらっていたらしく、とりわけ説法を聞くのが楽しみだったと振り返っている。

　当時、地域は全体が１つの家族のようで、たとえば野菜を育てて収穫すれば皆で分け合うといった具合に、助け合って生活していたという。日系人社会のつながりの深さを伝える話ではあるが、彼女を含むハワイ生まれの日系人の多くは日本をあまり意識してはいなかったともいうから、２世の感覚はすでに１世とは違っていたようだ。

　てしま食堂で供される料理のほとんどが、和柄食器に盛りつけられている。味つけも和風である。それは代々受け継がれた「てしま」の味だが、日本への帰属や日系意識ではない、と言える。

※サイミン（SAIMIN）
プランテーション時代に日本人労働者たちの間で手軽な軽食として発展してきた麺料理。ラーメンと似ているが、麺にコシがなく、スープはさっぱり和風味。ロコモコやスパムむすびと並ぶ、人気のローカルフード。

オニヅカ宇宙飛行士もメンバーだった

35. コナ本願寺
Kona Hongwanji Mission

【宗派】浄土真宗本願寺派
【住所】81-6630 Mamalahoa Hwy, Kealakekua, HI 96750
(DMS) 19° 30' 57.4" N 155° 55' 12.0" W
【開教使】ブレイン・ヒガ（比嘉）先生
【設立】1897 年　【現在の建物】1980 年建設　【メンバー数】約 250 人

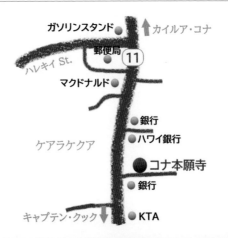

ガソリンスタンド　　↑カイルア・コナ
郵便局 (11)
ハレキイ St.
マクドナルド
　　　　　●銀行
ケアラケクア　　●ハワイ銀行
　　　　　●コナ本願寺
　　　　　●銀行
キャプテン・クック↓　●KTA

大福寺から11号をキャプテン・クック方面へ南下して約2マイル、左手のバンク・オブ・ハワイの裏手にある。1897年という古い時期の設立だが、現建物は1980年に建設されたもの。

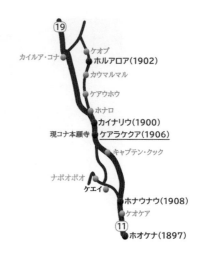

コナ本願寺初期の布教所略地図

19世紀末、コナのコーヒー産業は崩壊寸前となり、所有者は土地を5エーカーずつに区分して農民にリースした。借り受けたのは、サトウキビ・プランテーションでの過酷な労働と生活からの独立を求めた日本人だった。さらに多くの日本人が移民として入り、次第にコナのコーヒー産業を支えていくようになる。彼らが築いたコミュニティは、先祖や伝統、文化、精神を護ろうと努力し、寺院の設立へとつながっていく。

移民のほとんどが西本願寺派の仏教徒であったコナ地域に、最初の本願寺布教所が建ったのは1897年、コナ南部のホオケナだった。その後10年ほどの間に、さらに4つの本願寺布教所が続々と建てられていく。当時のコナ地域の様子を「目下同地方は非常の繁栄を極めつつあり。ホルアロアとホケナ（ホオケナ）小学校間の両道路に一昨年中に60戸以上の新家屋建築されし。いかにコナ地方が発展しつつあるかを証するに足る煙草会社の設立に加えてコーヒー、パインアップル、葡萄酒製造その他種々の新事業発展し居るは驚くべき現象なりとす」と、布哇殖民新聞は報じている（1909年6月9日）。現在地ケアラケクアにコナ本願寺が新築されたのは、そんな発展著しい1906年であった。

コナにおけるコーヒー栽培人口の8割を占めるになった日本人は、経済的な安定を得て寺への支援に力を注ぐようになり、内陣の整備、本堂の改築、ホールの新築等に寄与していく。

1933年には白檀仏、宮殿、仏具一切を購入したが、そのうち白檀仏については、半世紀後に開教使による興味深い発見があった。修復作業のた

ヒガ先生とメンバー

めに仏像を動かすと、像の裏側に「海抜 4000 フィート以上の高地、ケア
ラケクアの熱帯雨林から選ばれたサンダルウッド（白檀）が、1930 年に
京都に運ばれた。比叡山の天台僧である大角實田師が彫刻し、1932 年に
完成。1933 年に入仏式で奉納」と、仏像の来歴が記されていたのだ。

　コナ本願寺は、真珠湾攻撃後の開教使強制収容と戦時中の FBI 監視下
の時期をのぞき、宗教サービスだけでなく日本語クラス、裁縫教室等の活
動に取り組んできた。1982 年には幼稚園も建設された。

　開教使はブレイン・ヒガ（比嘉）先生。まだ少年のような初々しさを残
す顔立ちだが、筆者の質問に対して正確に答えようと努力してくれる誠実
さと落ち着きが滲み出ている。

　現在のメンバー数は約 250 人というから、コナ地区では曹洞宗大福寺
と並んで多い人数になる。1986 年のスペースシャトル事故で亡くなった、
日系人初の NASA 宇宙飛行士エリソン・オニヅカさんは、コナ本願寺ジュ
ニア YBA（仏教青年会）の積極的なメンバーだったという。

　外陣に並んだ座席は、大変貴重なカーリー・コア材（木目の美しいトラ
目模様の部位）でできている。内陣の装飾は伝統的なもので、当然だが親
鸞聖人と蓮如上人の肖像画が掲げられている。内陣のすべてのものが京都

貴重なコア材の座席が並ぶ

でつくられた。前述した白檀の阿弥陀仏は2代目で、初代は今ホノルルにある。

　内陣内は、宮殿に白檀の阿弥陀仏ご本尊、右脇壇に親鸞聖人、左脇壇に蓮如上人がそれぞれ安置されており、これらの宮殿と脇壇は杉と檜材に金箔が押されている。背後の壁は檜で、ここも金箔で装飾されている。年6回、メンバーによる大掃除があるが、その時には「金箔にはさわらないで」と伝えているそうだ。

　本堂内のオルガンはキャプテン・クックにあるマナゴ・ホテルの創業者・眞子金蔵さんの寄付（1985年）。ほかにも、コナのコーヒー園を経営していたメンバーから寄贈されたもの等がある。

　本堂の裏に幼稚園があり、その裏には柔道場「Oyama dojo（道場）」、さらに裏が日系人墓地になっている。ここには、マナゴさん、内田さん（現コナ・コーヒー・リビング・ヒストリー・ファームになっている内田ファーム、P217参照）の墓がある。エリソン・オニヅカさんの実家の墓もある。彼の両親はこの寺の信徒だった。しかし、彼自身の墓は、オアフ島ホノルルのパンチボールにある。緩やかな斜面上の広い土地を、墓石がぎっしりと、かつ整然と埋め尽くす。墓石は非常に新しいものが多いが、彫られた

コナ地区

墓石数約 800 はコナ地区最大

字が読み取れなくなっているものもある。そのような古い墓石には 19 世紀末のものもあり、このお寺の古い歴史がお墓からもうかがい知れる。

新しい墓石でも 1905 年享年 3 歳とか 1931 年享年 9 歳などとあるから、立て直しをしたものだろう。「佐々木和夫家」(仮名) などのように、フルネームに「家」をつけた墓があるのがおもしろい。墓石に漢字を刻字するのは日本の伝統を守っているからだろうが、はたしてどれだけの日系人が漢字を読め、意味を理解しているのだろう。墓石は西向きに立っているが、神道の人たちの墓だけは東を向いている。

寺の行事には、メンバーや婦人会、開教使らが協力し合って取り組んでいる。行事以外にも、ダーマ・スクール (仏教教室) の指導ボランティアをするメンバーもいる。日系人が寺に集まってくるわけを、ヒガ先生は「強い宗教心と、日系コミュニティのつながりを求める気持ち、その両方だと思う」と説明した。

216

コナ・コーヒー・リビング・ヒストリー・ファーム（内田ファーム）

内田大作さんが考案した可動式の干し棚。屋根を動かして急な雨からコーヒーを守る

コナから11号線を南下、キャプテン・クック地区の道路沿いにある。ゲートから海側へ数十メートル下ると斜面にコーヒー園と畑地が広がり、それらに囲まれた木造家屋がある。

内田農園を起こした内田大作夫婦は熊本県出身で、サトウキビ畑で3年働いてからアメリカ本土に渡り、そこで貯めたお金をもとにハワイ島でコーヒー栽培を始めた。

母屋の低い戸口をくぐると狭い土間があり、正面は板戸で仕切られた部屋になっている。土間は、右手から左へ鉤の手に曲がって炊事場に続く。

室内は日系移民の知恵の宝庫である。たとえば、箪笥、棚、机といった家財道具から、何と仏壇や神棚まで、必要なものはすべて手づくりされている。

コナ地区

1994年まで毎日使われていた「かまど」　　工夫を凝らした道具類を説明するボランティア

　台所にも様々な工夫が凝らされている。その1つが釜を持ち上げるための、栓抜きに似た形の道具だ。家族が多いので、炊く米の量も多い。家人は皆忙しく、食事でさえ慌ただしい時間であったろう。1本の木でできた単純なつくりだが、重い釜をてこの原理で軽く持ち上げられれば大助かりだ。知恵と技の賜物と言える。

　主食の米はカリフォルニア米で、薄地の布袋に入っていた。その袋も無駄にせず、服や下着、カバンにつくり直した。子ども用の通学鞄には、米袋に記されていた英語の文字が読み取れる。カーテンも米袋製だから大雑把なパッチワーク仕立てになっていて、カリフォルニア・ライスの文字が入っている。トタン屋根がむき出しの部屋には、暑さを和らげるために、米袋のパッチワークが天井いっぱいに吊り下げられている。

　外に出れば、コーヒーの高枝を引っ張り下げる物だとか、斜面に対応できる脚立等の仕事道具も見ることができる。脚立は左右の脚の長さを変えただけの物だが、重労働を効率よくこなすための利器を創り出す日本人のひたむきさが伝わる。

　生活を向上させようとする知恵と苦労を実感できる施設になっている。

ボン・ダンスのときだけ賑わう

36. ケエイ寺 (跡)

現 Keei Buddhist Church and Cemetery,INC.

【宗派】不明

【住所】83-5569 Middle Keei Rd, Captain Cook, HI 96704

(DMS) 19° 27' 28.3" N 155° 53' 29.4" W

【設立】1919 年 【現在の建物】1993 年建設

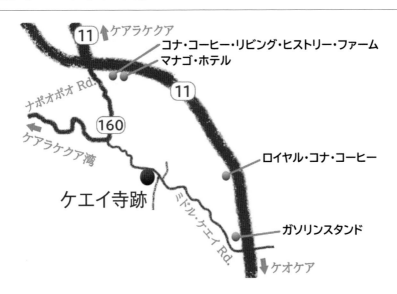

コナ地区

Map labels:

11 ↑ケアラケクア

コナ・コーヒー・リビング・ヒストリー・ファーム
マナゴ・ホテル

ナポオポオ Rd.

11

160

ケアラケクア湾

ロイヤル・コナ・コーヒー

ケエイ寺跡

ミドル・ケエイ Rd.

ガソリンスタンド

↓ケオケア

毎年5月下旬になると、ボン・ダンスのスケジュールが様々なメディアから発信される。ここケエイも会場となるのでその一覧に載っている。そこには、「ケエイ本願寺布教所」「ケエイ本願寺布教所（コナ本願寺）」「ケエイ仏教寺院（コナ本願寺）」等と記載されている。筆者はてっきりコナ本願寺の布教所（支部寺院）だと思い込んだ。

　さらに筆者の思い込みを裏付けるように、『布哇本派本願寺教団沿革誌』(1954年)には「1919年、ケエイ分教場を新築、墓地を設立」と記されている。また、『本派本願寺ヒロ別院創立75周年記念誌』(1965年)にも「ケエイ布教場」と写真入りで紹介されている。

　間違いなくコナ本願寺の布教所だと確信を持って、コナ本願寺でブレイン・ヒガ先生にインタビューしたのは12月だった。ところが、「コナ本願寺の布教所ではありませんが……、私は赴任したばかりですし興味がありますので、もう一度きちんと調べてみます」との返答だった。年末年始の忙しい時期だったこともあり、この続きはメールでのやりとりとなった。

　数か月後、メンバーの日本人女性山口さんの協力も得てわかったことは次のようなことだった。

・ケエイ寺は、日系移民の暮らしがやっと落ち着いてきた頃に、母国での生活に近づけようとして地域でお寺をつくるという流れになり、つくられたようである。従って、どこの宗派にも、どこのお寺にも属していない。本派本願寺教団も、本願寺として認識していない。
・『布哇本派本願寺教団沿革誌』(1954年)には「新築し、設立」と書いてあるが、「誰が」とは明確に書いてない。つまり、コミュニティによって設立され、ずっとコナ本願寺の開教使がメインで必要に応じて対応していたと考えられる。もし、本派本願寺教団から独立したという経緯があったなら、その記録も残っているはず。しかし、独立したという記録がないということからも、元から本願寺ではなかったと認識してよいのではないか。
・なお、設立当初から、お葬式があったときなどは一番近いお寺ということで、コナ本願寺の僧侶が呼ばれてサービスをしていたようだ。古参のメンバーも、本願寺がいつも呼ばれていくけれど、テクニカルにはなんの関

初期移民の墓も建つ

係もないという認識である。
・ちなみにケエイ寺をつくるときに、コナワイナ高校（ケアラケクア）の
体育館建設で余った廃材を利用したと伝えられている。

　このお寺の歴史はユニークだ。大師堂が日系移民たちの手で自然発生的
に設立されていった経緯と似ている。だが、大師堂の運営と決定的に異な
るのは、ケエイ寺は宗教的な儀式を僧籍のある本願寺の僧侶に依頼した点
である。
　現在は、建物入り口の階段がフェンスで閉ざされ、内部はがらんどう。
そう傷んではいない建物だが、確かに働きを終えた寺の姿である。管理運
営は地元のケエイ組会がしており「Keei Buddhist Church and Cemetery,
INC.」の看板が掲げられている。
　寺として機能していないが、年に一度のボン・ダンスのときだけは人が
集まる。主催は地域のコミュニティで、コナ本願寺は関わっていない。し
かし、信徒への盆のサービスは、コナ本願寺の先生が行なっているという。
　裏手が墓地になっていて、約150基の墓石はすべて西向き、つまり日本
を向いている。寺が開かれる以前の墓石も多い。

第3章
そして、
見えてきたもの

1. 変わりゆくハワイ島 ── 日系人と心 ──

　日本から海外への最初の移民先は、ハワイ諸島でした。南米への移民よりも早いのです。さらに、ハワイ諸島のなかでも、日本からの移民数が1番多かったのがハワイ島でした。

　そのハワイ島では（本書ではハワイ島に限定しています）今、寺と宗教そのものの生き残りをかけて、開教使（師）やメンバーたちの必死の取り組みがなされています。しかし、寺の統廃合はまぬがれず、縮小の一途をたどるのは避けられない状況です。

　明治政府による官約移民政策（1885 ～ 1894 年）に始まり、私約移民（1894 ～ 1899 年）、自由移民（1900 ～ 1907 年）、呼び寄せ（1908 ～ 1923 年）の時代を経てハワイに広まり根づいてきた仏教。初期開教使（師）は荒野を馬や徒歩で何十マイルの道を行き、暮らしぶりは貧しく精神も荒みがちな日本人キャンプをめぐりました。

　日本人労働者たちは、乏しい手持ちの金から寄付を出し合い、寺院を建てました。宗教は困難な時代を生きる移民たちの支えとなり、希望となっていったのです。また寺院の建物や活動は、ある意味で彼らに心のゆとりを提供することにもなりました。彼らは寺を通して同胞の絆を強め、生活環境の向上を求める力を培っていったのです。

　しかし、100 年を超える年月は様々な変化を生み出しました。現在、1 世・2 世の努力を尊敬し、文化を継承しようとする風潮は残っていますが、残そう・つなごうと意識しなくてはならない段階にきているのです。現代の日系人は、外見からは日系だと思えない風貌の人もいます。どう見ても日系人の顔をしていながら、日本語を解さない人も多いのです。心にはアメリカンな考え方を持ち、アメリカン感覚の生活様式で暮らしているのが今の日系人たちです。

　時代も生活も感覚も、どんどん変化しています。移民たちの苦労と努力の時代は遠くなり、生活は近代化し、日系人の感覚はもはやまったくのアメリカンになっています。それはすでに 2 世の時代から始まっており、彼

らはアメリカ式の教育を受け、英語を話すアメリカ市民でした。

　その時代、ハワイの日本仏教も、仏教のアメリカ化を進めた背景があります。1900（明治33）年から本派本願寺のハワイ開教監督となった今村恵猛は、日系人に対する人種的・宗教的偏見や排日運動という社会状況のなかで、アメリカ化運動を進めました。「仏教の

日系2世で編成された442部隊

教えに従えば、国家・血族・民族に執着することは間違いである」と説き、英語での伝道や米国人僧侶の育成に取り組みました。信徒数が圧倒的に多い本派本願寺でのこの動きは、寺院の学校で教鞭を持つ開教使の指導にも表れます。

　コラムで取り上げた菊池智旭師は、第2次大戦後の戦死兵追悼法要で「いったん事の起こった（戦争になった）場合には、君らは君らの国アメリカのために、それ（戦う相手）がたとえ父母の国、日本であるにせよ、何の遠慮も心配もなく進めよ、と日頃学校で教えていた私どもは……」と、戦前の仏教の教育を述べています。

　ハワイで生まれ育ちアメリカ市民権を持つ2世たちが育っていったのは、そんな時代でした。

　本書で紹介した「てしま」の静子おばあちゃんは2世で、「日本を意識することはあまりなかった」と回想しています。同じく本書に登場した442部隊生き残りのイワオさんは、彼の志願兵応募に両親は賛成したと語っていました。イワオさんも2世です。今の日系社会には、6世・7世になる人もいます。この先いつまで、日系人と仏教を感じることができるでしょうか。

　宗教に対する捉え方も変わっていくのは当然のことでしょう。異国のマイノリティとして、自身を日本人・日系人であると意識せずにいられなかった世代が、寺と宗教に励まされ団結した時代は昔になったのです。若い日

今やハワイ夏の風物詩となったボン・ダンス

系人たちはどの宗教を選ぶのも自由で、無宗教という選択にも戸惑いはないようです。むしろ、日系人が民族セクト的に寺に集まるのを嫌がる傾向があるとも聞きます。もちろん、すべての人がそうではないのは、島内の寺々で出会うメンバーたちの話と活動から十分伝わってきました。しかし、そのメンバーの構成年齢がどの寺でも非常に高いのが現状です。

　さらに、ハワイ島には労働力を引き寄せる産業が少ない点も、寺の将来に影響しています。現在、観光とコーヒーが主要産業であるハワイ島には、学校を卒業しても就職できるところが少ないために、仕事を求めて人々はオアフ島やアメリカ本土に渡ってしまいます。本土の大学で学んだハワイ島出身の学生は、卒業しても帰ってきません。子どもたちは本土で生活し、親だけが島に残っている例を筆者はいくつも見てきました。

　この先、メンバー数減少に加速がかかるのは必至です。それは、寺を支える力が失われることに直結しています。開教使とメンバーは、寺と宗教を盛り立てるために様々な工夫と活動に取り組んでいるのですが、上記のような状況を食い止めるのは難しいでしょう。

　「日系人が持つ日系意識は、自分の祖先が日本から来たという程度であり、日本への愛着はあってもそれに凝り固まってはいない。各種民族が混じって成立しているのが現代ハワイの生活と文化です」。そう話したのはHさんでした。

　彼女は、ヒロの布哇日系人会館やパパイコウのプランテーション・ミュージアムでの資料和訳等のボランティアのほかに、ハワイ島での契約労働終了後にアメリカ本土へ渡った日本人移民一人ひとりの細かな情報のデータ化もしているそうで、日系人の歴史に詳しい人でした。

　確かにボン・ダンス等の日本的な行事は、今やローカルな年中行事として民族や宗派に関係なく地元民は参加しています。言語にも、ハワイ語、

英語、日本語がミックスしています。だから、Hさんの言葉は説得力がありました。

　愛、いたわり、感謝等、心の豊かさを表す「アロハ」の精神の土地で、日系移民の生活、精神、文化はそこに融合し、現代のハワイがつくられてきたと言えるのでしょう。

　本書で筆者が述べたことには、限定された個々の人・物・事に対する具体性のあるものと、全体を概念的にとらえたものとが混在しています。推論になった部分もありますが、それらは信頼できる根拠をもとにしたもので、独断的でないと自負しています。しかしながら、一般論として概括化していないかと切り込まれれば、研究者でない筆者としては痛みもあります。ただ、ほかの国よりは日本に親しみを感じている日系人のなかで、その気持ちが強いのが高齢者であることは、個人差があるとはいえ間違いないところでしょう。彼らの後につながる世代の日系意識が、この先どんどんと希薄になっていくのは極めて確かな未来図と言えます。ハワイ島の日本仏教が姿を消しかねない近未来が、輪郭を描き始めているのです。

　プナ本願寺の富岡先生によると、宗教離れという現象はあっても、スピリチュアルなものを求める人々は増えていると言いますし、ヒロ大正寺の畑先生からも同様の話を聞きました。そのような傾向から、島では今、スピリチュアルを求める人々が瞑想をするための施設が増え、禅に人気があるそうです。しかし、彼らはあくまで精神性を追求しているだけであり、仏教に関心があるわけではありません。宗教団体に属することも、寺のメンバーとして活動することも望んではいないのが実情です。

　「過去の伝統に基づく仏教に固執すれば、ハワイの日本仏教に未来はほとんどない」。これは、ハワイ大学マノア校の元宗教学部長ジョージ・タナベ氏の言葉です（仏教伝道協会シンポジウム 2019.10.29 東京）。

　タナベ氏の予測を筆者は否定できません。認めたくはないけれど、少なくとも終焉に近い状態にまで追い込まれるのは必至の状況にあるからです。しかし、続けてタナベ氏は、こうも話しています。

　「仏教は多様性を尊重する宗教であり、新しいアイディアを歓迎する宗教である。様々な時代に適応し、新しい状況のなかで変わってきた。これ

からも引き続きオープンに、カルマ（業、行ない、心の傾向性）、慈悲（衆生の苦を抜き楽を与えようとする仏の心）、夢、ファンタジー、そういったものにインスピレーションを受け、21世紀に通用する新たな仏教聖典、新しいブッダの言葉を書いていければ、仏教に新しい未来はある」と。若い世代のアメリカ化に仏教衰退の原因を求めるのではなく、仏教そのものが時代への適応変化を求められている、と解釈すればよいのでしょう。

　筆者は、ハワイ島各地の日系人関連施設を訪問して話をうかがいました。その後、資料をあさって精査し、新しく知った事実と疑問を持って再訪を重ねました。各寺での確認作業や、各種資料の比較等は大変刺激的で、知的好奇心を騒がせるものでした。また、開教使とメンバーにとどまらず、ハワイ島の日系人にインタビューをして得られた知識は、日系人の過去と現在を縦横につないで筆者を考え込ませるものでした。
　政府による移民推奨に風雲の志をもって海を渡った人々は、待ち受けていた貧苦困苦を乗り越え、寺を中心としたコミュニティを育て、生活を向上させてきました。それが現在につながっているという崇高で重い事実が、ハワイ島にはあります。
　そもそも彼ら移民が、どうして苦難に耐えねばならぬ運命になったのでしょうか。よだれが出そうな謳い文句で彼らを送り出した政府は、どうにか生き延びるだけのカツカツな給料で、言葉は通じず気候も違う異国での過酷な労働と被差別の日々に苦しむ彼らに、残念ながら誠意ある救援の手を打ったとは言い難いのが事実のようです。
　棄民となった1世たちは、自らの努力によって生活の向上を目指しました。原動力は同胞の絆であり、寺でした。アメリカ人になった2世たちは、真珠湾攻撃と第2次世界大戦によって差別と偏見が増すなかで、アメリカへの忠誠心を表明することによって日本人・日系人の尊厳を認めさせようと、志願兵となり命をかけて戦いました。それらが日系人に対する認識を改めさせ、今に続く日系人の社会的地位向上の基となったのです。
　現在、ハワイに多くの日系人が暮らしているのは、このような過去があったからです。移民を送り出した政府・国のあり方を考えないわけにはいき

ませんし、それは今の国や政治の
あり方を考えさせる要素にもなる
と思わずにはいられません。

　国・政府が国民を個人として尊
重すべきなのは当然ですが、戦前
はどうだったか。そして民主主義
国家である今はどうか。客観的視
野をもって広く深く見渡し、考え
ファーマーズ・マーケットは食文化の寄せ鍋
なくてはいけないと、今回改めて
思いました。

　第1章でも触れましたが、移民は外貨獲得による国内財政の立て直しの
ために送り出されたという一面があります。国のための個人であったと言
えば過言にしろ、21世紀のハワイに暮らす日系アメリカ人が19世紀の政
策の延長線上にあるのは歴史的事実です。1つの国策が、こんな長きにわ
たって痕跡を残す1つの例でしょう。

　単に寺院の沿革や仏具等に関する知識を求めるのではなく、そこに「人」
（日系人）を置き、「心」を感じようと意識した取材でした。それは、過去
を知り、現在を見つめることで、未来への歩み方を科学的に模索している
人々の姿を、目の当たりに感じる日々の連続になりました。

　そうしたなかで生まれた、筆者なりの発見と学びを本書に著しました。
ハワイ諸島の日本仏教各寺院を取り上げた本にはジョージ・タナベ氏の著書
『Japanese Buddhist temples in Hawai‘i : an illustrated guide』があり、筆者
の知る範囲では各寺院1つひとつを紹介する書物は唯一これだけでしょう。
貴重な1冊ですが専門的な内容の1冊です。

　筆者はハワイ島における日系人と仏教寺院の関係に着目し、観光客にも
理解できる寺院紹介を中心に本書をまとめてみました。リゾートや食の観
光ガイドブックに近い気楽さで読め、ハワイ島の寺院とそこから見えてく
る日系人の歴史（過去、現在、そして未来）に関心を持ってもらえる本。
それを目指して書いたのですが、いかがだったでしょうか。感想を聞かせ
てもらえたら最上の喜びです。

2. ハワイ島からのメッセージ

　現地ハワイ島での見聞と各種資料から得た知識はどれも価値あるもので
したが、なんと言っても重く響き、そして力強く筆者を調査に向かわせて
くれたのは、ハワイ島に住む人々の言葉でした。

　その方々から、出版にあたってメッセージも頂戴しました。今まさにハ
ワイの時間・空気のなかに暮らしている人の声は、現在のハワイ島を新鮮
かつ克明に伝えてくれます。ぜひ読者の皆様に読んでもらいたいと思い、
ここに掲載します。

　なお、掲載順は五十音順としました。

ワイレア村歴史保存コミュニティ（WVHPC）会長
アキコ・マスダ

　2016年1月より3か所の墓地の除草活動を毎月行っています。参加者
は誰もこの墓地に葬られている方々の血縁者ではありませんし、ハワイの
ほかの島や、タイ、フィリピンの出身者もいます。

　ですが、私たちはここに今住んでいて、ここが故郷なのです。ここに葬
られている人々は私たちの先祖なのです（彼らは捨て石の役目をしてくれ
ました）。彼らが生きて礎を築いてくれたから、私たちがその上で今生き
ることができるのです。ですから彼らの世話をし、敬意を払う責任があり
ます。

　私たちが先祖の一員となっても、この活動を続ける人たちがいることを
祈ります。

in gratitude and aloha,
the wailea ancestors and akiko

パパイコウ本願寺開教使

川越　真慈

　ハワイに出稼ぎのために移住してきた日本人が、ハワイでも日本式の結婚式や葬式等の宗教行事をしたいということで、当時、日本最大の仏教教団であった浄土真宗本願寺派にハワイにも寺院を建立してくれるように要請をしたと聞いています。今現在もハワイ州全体で 34 の本願寺派寺院があるにも関わらず、意外にも本願寺派の僧侶の中にはハワイを含め海外に本願寺派寺院がある事を知らない人が多いのも事実です。

　ハワイ州のなかで、ハワイ島に最も多くの本願寺派寺院が集まっているわけですが、その影響もあってか、正確な意味はわからなくとも、英語しか話せないメンバー（門信徒）の方々の口から聞き慣れた日本語の単語を日常的に聞くことができ、もっとも日本を感じられる島だということができると思います。

　日本から移住してきた移民のために建立された寺院が、今では世代を越え、人種をも越えて多くの人々に支えられて 130 年以上もの間護持されてきたことを考えると、頭が下がる思いです。

　昔とは違い、今は色々な選択肢があるなかで、あえて時間を割いてまでお寺に来ようという方が少なくなってしまっているかもしれませんが、御開山親鸞聖人が開かれた教えを一人でも多くの方と喜べるように精進していきたく思います。

ヒロ法眼寺開教師

九鬼　崇弘

　このたびの出版、誠におめでとうございます。

　忍耐力、持続力、洞察力を合わせ、二人三脚で素晴らしいものが出来上がったことと存じます。

私事になりますが、ハワイに開教師として赴任して40年以上となり、その間色々なことがありましたが、今思えばそれらのことを書き残さなかったことに、遅まきながら気がつきました。そうしたところに、小川夫妻がハワイ島の寺院などの歴史、エピソードなどを調査されまとめられたことは本当にありがたく思います。

　信じるは力なりと申します。仏さまを信じて、自分を信じて、生かされているありがたさに感謝していけば、必ずや幸せな人生を送ることができると確信いたます。

　小川夫妻の今後のさらなる御活躍、益々の御健勝をハワイの地よりお祈り申し上げます。

アロハ！

コナ大福寺開教師
ジコウ・ナカデ

I am very grateful to all of the previous Buddhist priests of Daifukuji, as well as the Japanese immigrants — issei such as my grandparents — who established this temple in Kona.

Their strength, moral integrity, and faith in Buddha are embedded in the very walls of this temple. My hope is that Daifukuji will continue to serve the Kona community with aloha and compassion for many years to come.

Warm aloha, in gassho,

Jiko Nakade　中出　慈光　　　　　　九拝

プナ本願寺開教使

富岡　智史

　私が本書の著者である小川様お二人との出会いを通して学び、知らされたことは、私はハワイのこと、歴史のこと、お寺のことをわかっていたようでわかっていなかったということです。

　お二人との会話、メールのやり取り、現地の方へのインタビュー等を通して初めて知ることや、再発見がありました。知ることによって、私自身がハワイに少しずつ根付いていくという感じがします。

　ハワイは観光地ですが、ハワイの歴史、文化的多様性、寛容さ、そしてアロハの心を頭ではなく体で、心で理解していくことで、ハワイの再発見があり、私たち自身の人生と在り方を考えることにもつながっていきます。

　本書は日系人とハワイの関係をお寺という視点から調べ、語られた本です。日本から楽園のハワイへと仕事にやってきた人々は、現地の過酷な労働、生活、差別、病気、死に別れに深い苦しみを経験しながら、我慢、忠誠、努力、助け合い、勤労などの価値観を軸に、人生、人の命をあきらめて生きてきました。ここでいうあきらめるとは、通常の意味であるギブアップや匙を投げることではなく、諦らかにものごとを見て知る、という意味です。

　子どもの死を親が看取り、家族が病気になり、働けど食べ物もお金もなく、先が見えないなかで、自暴自棄になった人もいたことでしょう。そのようななかであっても「仕方がない」と、それが人生であり、事実なのだと、目を背けることもなく現実に向き合って、ひたむきに誠実に、人生を命を諦めて生きてきた姿が見えてきます。その姿に触れるとき、今、ハワイに生きる私の耳元に、眼前に、心に、当時の方々の思いが届き、今の私の在り方が問われている気がします。

　日系人とともに始まった仏教寺院ですので、その関係を通して発展してきた歴史には色濃く日本的な伝統、文化、思想、価値観があり、現在に続いています。歴史的背景、お寺の始まりを考えると日系人寺院であることは誇りであり伝統であります。同時に、その歴史と伝統が、他文化や異な

る環境下で育った方々にとって魅力にうつることもあれば、相互を誤解させ、壁をつくってしまうこともあります。

　仏教はすべての方々に開かれた仏さまのみ教えです。伝統を大切にしながら時代に応じ、しかし迎合することなく進取につとめているのが現在の仏教寺院の課題と取り組みです。

　Dr. アルバート宮里さんは、人そして地域にとって大事な３つの言葉を残されました。それは、1）忘れるな　2）受けつげ　3）伝えようです。

　多くの困難、課題がありますが、先人と過去に学び、未来を願い、現在に精一杯できることをしていくことが、お寺に駐在する開教使としての使命であり、責務であり、慶びであるといただいています。

　本書をご覧いただき、知り得た情報をもとにぜひお寺を訪ねてみてください。そして、そこで語られてくる声なき声に耳を傾けてください。お寺に込められた人々の願い、そして先人の苦労と共にいて導いてくださった仏さまの願いがあります。

　扇の要が扇全体を支え、心地よい風をもたらすように、ハワイにとっての要となったものは何かを知ることで、ハワイで感じる風も一味違ったものになるのではないでしょうか。

　私の人生にとっての要はなんであるか、人間にとっての要はなにか、そういったことを考えることにもつながるのがこの本書であり、著者のお二人のお心であり、姿勢であると申し上げ、擱筆いたします。

本派本願寺ヒロ別院　輪番
西山　真道

有難いご縁

　今年初旬、三重県からヒロ別院を訪ねて来られた小川ご夫妻と会う機会に恵まれた。馬場開教使からはご夫妻の話は聞いていたのだが、何でもハワイにおける仏教寺院、日系社会の成り立ちなどを調査されているとのこ

とで短い時間であったが本堂でお話しをさせていただいた。

　最初にお会いした瞬間、お二人の熱い意気込みが伝わってきたのを覚えている。正直言うと、ハワイにはいろんな方々が訪ねて来られ、当別院もそして私が駐在しているもう一つの本願寺、ホノルルにある慈光園本願寺にも年間を通じ、たくさん調査目的でインタビューを申し込んで来られるが、ほとんどの方々が学位論文のための訪問調査であまりハワイ仏教寺院そのものに興味があるのではなく、面白い興味を引くテーマということで訪ねて来られるのでいささか小生疲れ気味であった。

　しかし、小川ご夫妻はその様な方々とは違い、パワーあふれる目つきをされて感動した次第である。それにコロナ感染拡大という世界的危機のなかでも本出版の作業を進められて、私のような者にまで参加してほしいとの依頼を受けて恐縮している次第である。

　ハワイにおける仏教の歴史は、130年以上に遡るが数えきれない僧侶、門信徒の努力、苦難そして喜びのなかで継続してきた。小川ご夫妻の記述のなかでハワイ、アメリカ仏教の衰退、そして終焉が近いと述べられているが、それもまたそれなりになるようになっていくことだと思う。

　仏教とは寺院存在が大事なのではなく、私たち一人ひとりがいかに限りある人生のなかで喜びを得、苦しみから幸せな人生であったと目覚めることが一番大切なことであり、つまり私の命、人生が如何に意味ある時間で如何によりよく死んでいくかということを明確に示している仏教を聞くことが肝心なのである。

　すべては無常であり壊れていくものであるが、つまり寺院が存続してもしなくても、必ず仏様の差別無くすべてのありとあらゆる命に本願が届く教えは普遍であるのは間違いない。将来このヒロ別院もいつかはショッピングモールに取って変わるかもしれないが、仏教の教えは必ず一人ひとりのなかに生き続けるのである。

　小川ご夫妻のパワーあふれるハワイでの行動を拝見し、まさに仏教そのもの、明日もわからない無常の命を精いっぱい生きておられる姿に感銘を受けた。このたびの出版にあたり、ヒロ別院を代表し感謝の言葉をささげる次第である。

雨が降り、土に育てられ太陽の光に包まれて花が咲く。

やがて花も枯れて土に戻り、新たな命を生み出す。

誰も頼んでいないのに、誰も望んでいないのに、花は咲きながら枯れていく。そこには私たちの計らいを超えた世界がある。

私たちもまた、生まれ生きてそして命を終わっていく。自分で生まれたいと生まれたわけでもないのに。自分で死にたいと願うことがないのに。そこには私の計らいを超えた世界がある。生まれ、生き、そして終わっていく限りある命を限りない命へ仏様が抱き取ってくださる。南無阿弥陀仏

ヒロ大正寺開教師

畑　辰昇

ハワイ島に住む人はとてもおおらかで、日本人の私でもとても優しく接してくださいます。

夏になりますと、毎週末各お寺で盆ダンスが開催され、老若男女問わず皆が法被を着て踊ります。

お寺のメンバーであるなしに関わらず、皆が心を一つにして踊っています。そんな彼らの姿をご覧いただき、有名な観光場所とは一味違った体験をしにきてみてはいかがでしょうか。

本派本願寺ヒロ別院開教使

馬場　大道

ハワイで仏教寺院めぐり⁉

日本人が思い浮かべるハワイとは、青い空と白い砂浜のビーチ。その両方がヒロにはない。ヒロは「雨の都」とも言われ、「弁当忘れても傘忘れるな」

と、日系人の間で言い伝えがあるほど、雨が多い地域である。

　朝晴れているからといって油断してはならない。溶岩でできているハワイ諸島のなかでは、ハワイ島は一番新しい島で、ヒロの海岸線は黒くゴツゴツした溶岩がむき出しである。

　私がハワイに開教使としてきたのは、2014年の秋。そのときはスーツを着て日本から飛行機に乗ったが、ほかの誰一人そんな格好のものはいなかった。私は、ハワイは仕事に行くところではないのだと瞬時に感じた。

　そんなハワイに、そして片田舎のハワイ島に小川夫妻はめぐり合いのなかで寺院めぐりをするようになった。2019年末に小川夫妻にお会いした際、その熱意と地道な調査に驚いたことを覚えている。そして、熱意が形となって出版にまでたどり着いたことは非常に嬉しく、我々開教使にとってもありがたいことである。

　宗教の位置付けがアメリカと日本とでは異なり、アメリカでは社会のなかで宗教という地位がしっかりしている。日曜日の午前中は宗教の時間と決まっており、各々がそれぞれの教会・寺院におまいりに行く。そんなアメリカにあっても、本書にあるように宗教離れは必至で、メンバーもどんどん減ってきている。

　しかし、仏教の根本は苦しみからの解脱であり、我々が生きている以上苦しみとは離れられないものであるから、仏教もいつの時代でも人間を助け、導く教えなのである。であるから、形を変え、伝道方法を変えながら、変わらない真実をこれからも仏教はすべての人々に与えていく。その現在の姿が、本書にある各仏教寺院であり、今の日系人の営みである。

　この本を手に取られる方には、ぜひハワイ島の各お寺で6月から8月にかけて行なわれるボン・ダンスを経験していただきたい。ハワイでボン・ダンスをいろんな人種の人と一緒に踊ることに感動を覚えることでしょう。

　最後に、小川夫妻の熱い想いに心からの感謝と敬意を表したい。

ハカラウ在住
バンちゃん

　ハワイ島では仏教のお寺といっても、あまり宗派、宗教にこだわらず、どんな人でも来るものは拒まず的なアロハの対応をしているようです。

　リラックスしていて、お寺という形態をとってはいるものの、どちらかというとプランテーション時代を生きてきた日系人の方たちが集う憩いの場、という印象があります。

　昔の仲間たちで集まって、ピジン英語で昔話や最近の生活の様子を語り合っていらっしゃるときが、幸せそうです。

　そういう檀家の方々もほとんどが70歳以上ですが、年齢に関係なく働き者で、お寺、コミュニティのためには惜しまずよく動かれます。しかし、檀家の数は高齢化が進むとともに減るばかりで、今は白人の多いコミュニティのなかで生き残るため、共存する努力がなされているようです。

　変化していく社会のなか、ハワイ島のプランテーション時代を生きた日系人の持つ優しさや勤勉さ、コミュニティに奉仕する精神が新しい住民にも伝わることを願ってやみません。

コナ本願寺開教使
ブレイン・ヒガ

I am grateful that the rich history and unique stories of the Japanese Buddhist temples on Hawaii Island can be shared. The legacy of the Issei can be seen in the diverse cultural and religious landscape of Hawaii. I am hopeful for the future of Buddhism in America because it offers a realistic and compassionate way of living that is grounded in self-reflection, gratitude, and a profound concern for the welfare of others.

-Rev. Blayne Higa

ヒロ大神宮　宮司
堀田　尚宏

　元年者から 150 年、官約移民の開始からもすでに 135 年を数えるハワイ日系人は、言わば海外日系移民のパイオニアと言える存在だ。最も古い移民の子孫は既に 6 世に及ぶ。多数を占めるであろう私約・自由移民子孫の現役世代も既に 3、4 世となり、すでにハワイ日系人はアメリカ社会に完全に溶け込んでいると言える。

　ヒロは 1960 年の津波により、旧日本人街が壊滅的な被害を受けたこともあってか、日系人の町と呼ばれる割にはほかの国の日系人街と較べるとさほど日本語の文字が氾濫しておらず、町中に「ザ・日本」を感じることは正直少ない。

　ムスビにしてもテリヤキにしても、日本発祥かもしれないが、ハワイというシチューに完全に溶け込んだ具材のようなものだ。そういう点で、日本のそれとは若干異なりながらも、社寺が日本文化のランドマーク的存在となっている。そこには、ハワイが米属州となり、日米戦争という大きな転換を、しかも最前線で迎えたことが少なからず影響していることは想像に難くない。

　ハワイに骨を埋める移民 1 世が増えた頃、冠婚葬祭の必要性やコミュニティの中心として社寺は求められ、できる限り祖国と同様の形で導入されたと考えられる。それは今もハマクア浄土院に残る寺社建築や稚児行列などの写真からも見て取れる。

　しかし、日米開戦により、寺院含め日系宗教団体は聖職者が逮捕され、総じて活動停止（葬儀は仏式作法に通じた在家信者などが行なったと言われる）、もしくは解散の憂き目を見ることととなる。2 世たちはアメリカ市民としての日系人のあり方を模索した。

　特に神社・神道にあっては、在野の神職が開戦直前まで取り組んだ「世界平和を願う信仰」であることの啓発活動とは裏腹に、戦中戦後は一転、非常に困難な時代となる。

　ヒロ大神宮も、再興そして津波後の再建にあたっては、事実否定的な声

もあったと言われる。神仏への信仰を今につないでくださった先人たちの並々ならぬ労苦が偲ばれる。

　時代が進んで今は3世の時代、社寺に集まる崇敬者・檀家は皆、アメリカベースの教育を受けた人が中心となっている。日本のように「何となくわかっている、知っている」という訳にはいかない。

　聖職者も、戦前とは異なり、「お雇い」である。教会のような社殿の構造はじめ、ハワイで独自に進化している様子に観光客は戸惑いを覚えるが、それは私たちも同様である。それを私は否定する訳ではない。

　なぜなら、伝統宗教と言われる宗教は衣服を着替える様に常に時代や場所に合わせて変化することで廃絶することなく続いてきた面があるからである。今はアメリカの宗教団体として変容しながらも、「私たちの」神社・寺院として誇りを持って守り伝えられているように感じる。

　今後の日系人にとって、日本は1世や2世の祖国観とは異なり、行ってみたい観光地の1つ……、いよいよ一外国という感覚になっていくと思われる。また、今後は日系社会の枠を超えて、他人種への間口もより広がっていくだろう。

　こうしたなかで、身近な日系施設である社寺はこれまでとは一転して、より日本らしさというものを求められる可能性も否定できない。現に、日本通のローカルからの要望も少なくないし、戦後に渡った日系宗教は戦中の変容を経験しておらず、日本そのままをもって来て、新しいものとして非日系にも受け入れられている。ハワイらしさを残し、また希求しつつも、どこかで整合性を持たせていく必要もあるのかもしれない。

　私が本書を手にされた方にお願いしたいことは、このハワイという場所をただの物見遊山の場所とするばかりでなく、また、日本にあっても一人ひとりが民間外交官であり得るという心構えをおもちいただきたい、ということである。これは決して日本文化を押し付けて回ろうという意味ではない。しかし、自国のことを知らずしての国際交流ということはあり得ないし、現地の一般ローカルにとって、観光客はそのまま日本人のイメージとなる。

　神仏の国、礼法の国、おもてなしの国……、というイメージとのギャッ

プを感じることは残念ながら実際に多い。先人たちが築き上げて来た日本人のよさやあり方というものを子々孫々に伝えていくため、また、広く世界に理解者・ファンを増やしていくために、己が足元にも灯りを照らし、目を向けていただきたい。

　日系人、日本人が皆共にこれからの日布交流の主体となって、経済に留まらず両国の文化的発展に寄与されることを希う。

令和二年皐月吉日

ヒロ東本願寺開教使
マルコス・ジネン・サワダ

　日米移民初期から 1950 年代までの間には苦しいできごとが沢山ありました。ハワイでは、日系人も他のアジア系の人々もアメリカ人ではあったが、アメリカ政府から人種差別を受けたり、人権を奪われたり、大変な苦悩の時代を経験しました。だがハワイの日系人社会は、文化・ビジネス・宗教の面において、ハワイ社会全体に大きな影響を与えてきました。

　その理由はハワイの日系人人口が占める割合でした。1920 年代頃のプランテーション時代、ハワイ島の日系人の人口は約 5 割を占めていました。当時、仏教は最大の宗教団体でした。現在はクリスチャン系の宗教がメージャーになっています。近頃の統計によると仏教徒は宗教人口の 8 ％となってしまいました。

　日本人の移民の特徴は南米も北米も似ています。仲間を集めて日本人会館をつくり、そこに日本文化や教育を育成する場所を建てます。会館は文化だけではなく精神的、宗教的に触れるところでもあり、スピリチュアルニーズを満たすところとなり、各プランテーションにお寺が建設されました。

　しかし第二次世界大戦が発生し、日本文化が禁じられると、厳しい差別を避けるために日系人はますますアメリカ白人化へと進んでいきました。そのため、宗教の面でもクリスチャンになっていく日系人が増えました。

現在、仏教寺院に通う日系人は古い世代が主となってきています。現在では、70代から90代の方々がお寺のメンバーの大半を占めております。年々メンバー数は激しく減少し、更に運営費も厳しくなり、沢山のお寺が島から姿を消しています。

　アメリカでは仏教を語るとき2種類の流れで考える必要があります。まず、伝統的に伝わってきた移民仏教、その代表はお寺や寺院であります。2つ目は輸入仏教と言われます。19世紀や20世紀初め、白人学者や西洋人が哲学的や学問的なところを求め、インド、中国、日本などの思想を部分的に学問し、取り入れてきました。ここから発展してきた西洋的仏教思想は宗派や儀式ではなく、彼らにとって好きなところを取り入れライフスタイルに加えるのです。お寺の繋がりとまた全く別な世界になります。

　仏教は一番伸びてきている宗教と言われています。しかし、お寺にはそのように見えてこないのは、何故でしょうか。宗教者としてどのようにアプローチをしていかなければいけないのかが、お寺と宗教者としての課題でもあります。浄土真宗の場合、お念仏が行という事で座禅のように形がなく、西洋人には理解しづらい面もあります。でも、現在は多くの英語の出版物や、大学の学問的な発表が行われているので、そのギャップがある程度埋められてきました。また、仏教聖典やお経の本などが英語に翻訳されることによって、仏教の理解が増えつつあります。それによって、移民仏教がアメリカン浄土真宗に変わっていく傾向があるように少し見えてきました。もちろんアメリカン浄土真宗と名付けても基盤は親鸞の教えの普遍性が響いてきていると私は思います。その影響で仏教徒である日系人も仏教に対する見方を見直してきていると思います。彼等はアメリカ人として他のアメリカ人に影響を与え、又その反対もあるように感じます。

　アメリカン浄土真宗は様々な人種で成り立っていくと思います。仏教、親鸞の素晴らしい教えが西洋人に、生活のなかから形成してくるに違いありません。仏教は普遍的です。瞑想や儀式は生活に真実として浸み込み、念仏は人間そのものの姿を表し、ブッダの光そのままが我々に照らされています。この現在の末法の混乱（暗闇）の中から智慧の世界が輝いてきていることが感じられます。

現代の暗闇に聞法し続けること。お寺のメンバーに聞法道場としてブッダ智慧の輝きの円を広めていくことが一番の宝となります。浄土真宗に聞法し、仏、法、僧に帰依して、信心獲得が寺院の継続につながると私のハワイ開教使経験の8年間で明らかになったことです。

合掌、南無阿弥陀仏！

コナ本願寺　Jr. YBA アドバイザー　ダーマスクールティーチャー
山口 真貴子

　私がコナ本願寺のメンバーになって、17年が経ちました。結婚を機に日本からコナに引っ越して来て、最初はお寺のメンバーになるなんて思いもしなかったのですが、コナのティーンネイジャーの多くがドラッグの問題や若くして妊娠する、という半分脅しのような情報に惑わされているときに、コナ本願寺にゲストスピーカーでいらしていた広中先生（現ラハイナ本願寺ご住職）が、はっきりと「お寺に来ている子はドラッグなんかやりませんよ」とおっしゃられ、それなら、と子どもが生まれる前にメンバーになりました。

　実家の宗派は曹洞宗だったので、自ら調査してお寺を探していれば、大福寺さんのメンバーになるべきなのですが、宗教に入るというより地元の日系人のイベントにいろいろ参加する感覚で、家から近かった本願寺に縁があったのです。

　メンバーの方は皆とても親切でしたが、何世代にも渡ってメンバーなので血縁関係や婚姻関係でほとんどがなにかしらのつながりがあり、身内のまったくいない私たちは正直、すっかり馴染むまでには時間がかかりました。今ではコナ本願寺のみでなく、ほかの島の先生やメンバーとも深い交流ができ、とてもありがたく思っています。

　今回、小川さんご夫婦がハワイ島の仏教のお寺の歴史を本にされるということで、微力ながら協力させていただき、日系移民の豊かな歴史を知る

ことができ、大きな興味を覚えました。

　コナも高齢化が進み、昔の歴史を残すことが難しくなっている状況で、調査を進めるうちに地元のメンバーから、この本ができたら英語でぜひ読んでみたいという要望が多くありました。おもしろいことに、ハワイ島日系移民のお寺の歴史に興味を覚えるのは実際にコナに住んでいる人ではなく、日本からいらっしゃった方だということは、本書の第1章を読んで合点がいきました。私も含め、実際に住んでいると身近すぎて記録に残すほどのことでないかな、という気持ちになってしまうのですが、改めてハワイ島に分散しているお寺の歴史を知ると、その豊かさに驚かされます。

　今回、コナ地区の情報についてヒガ先生はもちろん、ヒロ別院の馬場先生にも協力していただき、その豊富な知識に日本から布教にいらしている先生のありがたさを実感しました。今の時代、若い世代の宗教離れが進んでいますが、コナ本願寺に限らず、またどの宗派もこの貴重な歴史を大切に後世に伝えてほしいと願っています。

コハラ浄土院開教使
ワジラ・ワンサ

　あと10年以内に、今の2世のメンバーは居なくなるでしょう。ハワイ島のお寺の将来をどうすべきか、考えが浮かんでこないのが悩みです。小川さんが、1世の足跡をお寺と関わって書かれたこの本は、永遠に残る書物になると思います。

（筆者補足）
　アキコ・マスダさんのメッセージは、彼女の友人が日本語に翻訳してくれたものだそうです。英語のメッセージで構いませんと伝えていたのに、

244

わざわざ日本語にして送ってくれたのは、ワイレア村歴史保存コミュニティの活動の意義を日本の皆様にも伝えたいという思いの表れだと思います。

　中出慈光先生と比嘉ブレイン先生は日系人ですが、母語は英語です。筆者との会話には日本語も使われる中出慈光先生も、繊細なことを正しく表現しようとすると英語になります。お2人がメッセージに込めてくださった真摯な思いを大切にするため、英文のままで紹介しました。

　日常のサービスを英語で行なってみえるマルコス・自然・サワダ先生とワジラ・ワンサ先生の母語は、英語でも日本語でもありません。そのお2人が、「おかしい所は直してください」と添え書きをつけて日本語文で送ってくださいました。そのお心遣いに感謝し、手を加えずそのまま紹介しました。

　なお、メッセージは 2020 年 5 月から 6 月にかけて頂戴したものです。

3. 警鐘の著

臨済宗連合各派布教師会会長　　衣斐弘行

　仏教東漸という言葉がある。インドから興った仏教は永い歴史を経て遥か東国日本に伝わり、近代明治に入り太平洋を渡った。アメリカ本土での仏教の布教活動は明治26(1893)年開催された「シカゴ万国博覧会」での「宗教会議」が端緒とされる。これはコロンブスの新大陸発見400年を記念し、アメリカの近代化した姿を世界に誇示する目的で5月から10月まで開催され「宗教者会議」は9月に開かれた。この会議に日本からの参加した宗教者は禅宗から釋宗演、真言宗から土宜法龍、天台宗から蘆津実全、浄土真宗から八淵蟠龍ら7名で各宗の立場から講演を行なった。

　明治政府が国策としてハワイ4島への移民政策を開始したのは、これらより前の明治18（1885）年で、今年は移民開始から135年目にあたる。その地に移住された人々のその後の人生は想像を絶する苦難に満ちたものであり、その日系1世、2世の人たちの精神的支えとなるべく仏教の布教活動もまた並み並みならぬことであったことも想像に難くない。

　その後、例えば明治33年には真宗大谷派の学僧近角常観が、また大正末年には同派の暁烏敏がそれぞれ欧米に渡っているが、これらは異国における宗教事情視察が目的で布教活動ではなく、ましてハワイ島には行っていない。また、欧米で禅仏教宣揚に多大な功績を残した鈴木大拙がハワイ大学で講演したのは更に後の戦後昭和24年のことだが、これも日系人への布教活動が目的ではなかった。これらのことからもハワイ島での仏教布教活動が高僧や学者たちによってなされたのではないことを改めて知る。

　余談になるが、アメリカにおける州別のキリスト教会への出席率と平均寿命を比較すると、教会出席率が高い州ほど平均寿命が短いそうで、南部の信仰熱心な地域は平均寿命が日本に比べると9歳前後も短いという。因みに2017年度の時点でアメリカ合衆国で平均寿命が一番長いのがハワイ州の81.5歳で、ハワイ州の教会出席率は25%と全体では7番目に低い。

その理由をハワイ州特有の事情も関わっているが、そこには日系移民によることを挙げている（島田裕巳著『捨てられる宗教』2020年SB新書刊）。この日系移民による理由こそハワイ島における仏教布教活動の影響と考えられ、その意味でもこのデータは大変興味深い。

　このたび、小川隆平、はつこさんご夫妻は足掛け7年の歳月をついやしてハワイ4島のうち、ハワイ島に遺る廃寺を含めた36ヶ寺院の詳細な調査をされここにまとめられた。

　今、これを繙くと、各宗における布教活動が当然ながら一朝一夕にされたのではなく、それぞれの苦難の道程のほどが思い知らされる。本文以外のコラム欄にも神奈川県出身で移民たちへの悪労働条件に抗議し27歳で現地の有力者であった白人に暗殺され、非業の死を遂げた後藤濶のことが述べられていて忘れさられようとしている移民の歴史にも目が向けられている。こうしたことも本著が単なるハワイ島における仏教寺院のガイド書ではない由縁である。

　本書のエピローグで著者はハワイ島寺院の現状を、「1世2世の努力を尊敬し、文化を継承しょうとする風潮は残っていますが、残そう・つなごうと意識しなくてはならない段階にきている」と存続の危惧を語っている。確かに仏教東漸から1世紀半の時空を経てアメリカナイズされてきたハワイ島の仏教寺院は、今大きな過度期にさしかかっているのかもしれない。しかし、小川さん夫妻が今回篤行を以て真摯に取り組み編んだ本著は、実はハワイ島寺院の今後の問題だけに留まらず、日本における寺院の仏教布教活動への警鐘の著でもあるという思いが御著を拝見し強く感じ、ご寺院各位にも是非ともご一読を薦めたい（2020年11月）。

お世話になった方々

　兼務寺をめぐって案内してもらったり、貴重な資料を提示していただいたり、しつこい質問や訪問を快く受け入れてくださったり、興味深い話や食事で歓迎してもらったりと、たくさんの方々にお世話になりました。出会えたことに感謝をこめ、氏名を五十音順に紹介させていただきます。

・浄土真宗本願寺派関係
　　イワオ＆アリス・ヨネミツさん夫妻、川越真慈先生、クリフォード ＆ ケリ・フルカドさん夫妻、グレン・オクムラさん、ゲイ・スコットさん、チャールズ＆ドラ・サカモトさん夫妻、富岡智史先生、西山真道先生、馬場大道先生、ブライアン・シーバー先生、ブルース・ナカムラ先生、ブレイン・ヒガ先生、マサコ・サカタさん、山口真貴子さん
・浄土真宗大谷派関係
　　河和田賢淳先生、マルコス・自然・サワダ先生
・浄土宗関係
　　ケンさん、ジョイ・オオタさん、バンちゃん、マサヨシ・ニシモリさん、宮崎潤心先生、ロウアネ＆ロンさん夫妻、ワジラ・ワンサ先生
・真言宗関係
　　九鬼崇弘先生、クラーク・全久・ワタナベ先生、宮崎弘雅先生、レスさん
・曹洞宗関係
　　ジコウ・ナカデ（中出慈光）先生、畑辰昇先生
・日蓮宗関係（ウッドバレー寺院）
　　マリアさん
・布哇日系人会館（Hawai'i Japanese Center）
　　アーノルド・ヒウラ館長
・パホア日系人会会長（パホア日系人会館）
　　クレイグ・シモダさん
・パホア日系人墓地
　　キャリー・タノウエさん
・ワイレア村歴史保存コミュニティ会長
　　アキコ・マスダさん
・ヒロ大神宮
　　堀田尚宏先生
・ハセガワ・ストア
　　長谷川とし子さん

＜参考資料＞

スタンフォード大学「邦字新聞デジタルコレクション」Webサイト

University of Hawai'i Manoa Library Webサイト

Hakalauhome.com　Webサイト

神戸大学経済経営研究所「新聞記事文庫」

『布哇一覧』武居熱血（1914）本重眞喜堂

『布哇人物評論』青木柳崕（1914）青鬼社

『ハワイ日本人移民史』ハワイ日本人移民史刊行委員会（1964）布哇日系人連合協会

『Japanese Buddhist temples in Hawai'i : an illustrated guide』George J. Tanabe and Willa Jane Tanabe（2012）University of Hawai'i Press

『ALOHA BUDDHA―The Unexpected Journey of Japanese Buddhism in Hawai'i―』Radiant Features（2011）

『Honokaa Town』Laura Ruby and Ross W. Stephenson（2015）Arcadia Publishing Library Editions

『Kohala Keia : collected expressions of a community』Larry K. Stephenson 編（1977）University of Hawai'i at Hilo

米国国勢調査「United States Census」（1896、1910、1930）

『海外移住統計』国際協力事業団編（1991）国際協力事業団

『ハワイ日本語学校教育史』小沢義浄（1972）ハワイ教育会

『元年者たち』佐野純一（1982）山手書房

『布哇仏教史話－日本仏教の東漸－』常光浩然（1971）財団法人仏教伝道協会

『海を渡った日本人』北上次郎・選（1993）福武文庫

『ハワイ出稼ぎ人名簿始末記』山﨑俊一（1985）日本放送出版協会

『新東亜建設を誘導する人々』日本教育資料刊行会編（1939）日本教育資料刊行会

『104歳になって、わかったこと。』手島静子、取材構成今井栄一（2011）イースト・プレス

「ハワイ日本人移民の二段階移動：国際移動から国内移動へ」飯島真里子（2011）上智大学アメリカ・カナダ研究所

「日本人移民の日系仏教宗派所属の特徴―ハワイ島コナ地域 曹洞宗寺院墓地を事例に―」平川亨（2018）明治大学大学院文学研究論集

「ハワイ島における日本人の居住地・出身地分布―1885年と1929年―」飯田耕二郎（1994）人文地理　第46巻第1号

「ハワイにおける「プランテーション住居型」寺院建築の研究—ハワイの日系人社会における寺院建築の変容過程に関する研究（1）—」パランボ湊石ローレン麗子（1998）日本建築学会計画系論文集　第513号

『布哇日本人移民百年被表彰者名簿』（1968）ハワイ島実行委員会

『後藤濶のこと』嘉屋文子（1986）渓水社

『The Strange Case of Katsu Goto』Allan Beekman（1989）Heritage Press of Pacific

「The Lynching of Katsu Goto」Gaylord C. Kubota（1996）Center for Labor Education & Research University of Hawai'i - West O'ahu

「『The Hawaiian gazette』May 27, 1890, Page 1,3,7 － HONOKAA MURDER CASE － 」Image provided by: University of Hawai'i at Manoa

『布哇本派本願寺教団沿革史』布哇本派本願寺教団編（1954）布哇本派本願寺教団

『A GRATEFUL PAST A PROMISING FUTURE Honpa Hongwanji Mission of Hawaii 100 Year History 1889 － 1989』（1989）Centennial Publication Committee Honpa Hongwanji Mission

『SHINRAN SHONIN'S 750TH MEMORIAL & HAWAII KYODAN'S 120TH ANNIVERSARY』（2009）Honpa Hongwanji Mission of Hawaii

『HISTORY OF THE HONGWANJI MISSION IN HAWAII』Emyo Imamura（1918）The Publishing Bureau of Hongwanji Mission ＜ Hawaiian Collection Gregg M. Sinclair Library University of Hawai'i ＞

『創立七十五周年記念誌』（1965）Hongwanji Hilo Betsuin

『100TH anniversary 　—A GRATEFUL CELEBRATION OF NEMBUTSU—』（1990）Honpa Hongwanji Hilo Betsuin

『Centennial Celebration 1897—1997』（1997）Kona Hongwanji Mission

『ナアレフ本願寺教団創設三十五周年記念誌』ナアレフ本願寺教団編（1934）布哇本派本願寺教団

『菊池智旭遺稿集』菊池しげを（1966）

『本派本願寺教団団員名簿』布哇本派本願寺教団編（1962）

浄土真宗本願寺派国際センター『宗報』

本派本願寺ヒロ別院Webサイト

プナ本願寺Webサイト

『殿堂記念・洋上の光』福田關正（1934）布哇浄土宗教団本部

『ハワイ開教九十年史』新保義道（1987）山喜房佛書林

『浄土』五十巻（1984）9～11月号「浄土宗のハワイ開教（一）～（三）」新保義道

旧ラウパホエホエ浄土院Louanne & Ron さんからの手紙

浄土宗開教ネットハワイ開教区

ヒロ明照院 Web サイト

『創立満十周年に際して』鳥取密明（1927）真言宗布哇別院

『布哇真言宗開教沿革－創立五十周年記念－』加登田哲英（1966）真言宗布哇別院

『真言宗ハワイ開教百周年記念大会　1902―2002』誌（2002）真言宗ハワイ別院

『高野山真言宗ハワイ開教区ヒロ法眼寺　創立 100 周年記念慶讃法要』誌（2008）ヒロ法眼寺

『米布に使して』中川善教（1954）高野山出版社

『A Tour of Daifukuji Soto Mission』（2014）Daifukuji Soto Mission

『TAISHOJI SOTO MISSION 100TH ANNIVERSARY』（2016）Taishoji Soto Mission

「20 世紀初頭のハワイにおける曹洞宗」淺井宣亮（2010）愛知学院大学禅研究所紀要

コナ大福寺 Web サイト

ヒロ大正寺 Web サイト

『ハワイ日蓮宗 80 年のあゆみ』村野宣忠（1982）ハワイ日蓮宗別院

「ハワイにおける日蓮宗の開教活動について」安中尚史（2004）印度學佛教學研究第 52 巻第 2 号

長谷川とし子氏（三重県四日市市）所蔵の長谷川清四郎に関する写真や手紙。

小川隆平　小川はつこ
（おがわりゅうへい）（おがわ）

ともに元公立学校教諭。
科学的追求心の強い隆平は、調査・比較・統計が得意。
文筆が趣味のはつこは、2020年三重県文化賞（散文）受賞。
現在、三重県鈴鹿市在住。

『アロハの島で寺めぐり　マウカマカイの細道　ハワイ島編』

2021年6月10日　　第1刷 ©

著　者　　小川はつこ　小川隆平
発　行　　東銀座出版社
〒171-0014　東京都豊島区池袋3-51-5-B101
☎03(6256)8918　　FAX03(6256)8919
https://www.higasiginza.jp

印刷　株式会社シナノ